AF626574

NATURA Abiturtraining
Zelle und Stoffwechsel

Biologie

Lale Arslan
Christina Gimbel
Franziska Langer
Jens Schindler

Ernst Klett Verlag GmbH
Stuttgart · Leipzig · Dortmund

So lernen Sie mit NATURA

Aufgabenblatt
Die mit Material versehenen Aufgaben entsprechen denen in Klausuren und im Abitur.

Die Reise der Proteine

In einer Zelle werden ununterbrochen Moleküle hergestellt, verpackt, verändert, transportiert und abgebaut. Dies geschieht in unterschiedlichen Zellorganellen, die man als Endomembransystem zusammenfasst. Das System besteht aus verschiedenen membrangebundenen Kompartimenten (einschließlich ER, Golgi-Apparat und Zellmembran). Die Moleküle werden in Vesikeln zwischen den einzelnen Kompartimenten transportiert. Dies ermöglicht eukaryotischen Zellen ihre äußere Oberfläche und Umgebung zu modifizieren sowie Wachstum und Homöostase zu kontrollieren.

Ein einleitender Text führt in die Problemstellung ein und gibt erste Informationen.

Die Entdeckung und Nutzung eines grün fluoreszierenden Proteins (GFP) aus der Quallenart *Aequorea victoria* hat es ermöglicht, den Weg von Proteinmolekülen im Endomembransystem innerhalb von lebenden Zellen sichtbar zu machen. Hierfür wurde das genetische Material von zu untersuchenden Proteinmolekülen mit dem genetischen Material des GFP ergänzt. Aus dem kombinierten genetischen Material entsteht ein zusammengesetztes Protein. Infolgedessen hatten die Proteinmoleküle die fluoreszierende Eigenschaft, ohne die eigentliche Funktion der Proteinmoleküle im Endomembransystem zu beeinflussen. Mit einem speziellen Mikroskop konnte so die Fluoreszenzintensität in verschiedenen Kompartimenten sichtbar gemacht werden [B 2].

1 *Aequorea victoria*

Unterschiedliche Materialien sollen nach Anleitung durch die Aufgaben ausgewertet werden.

Zeit (min)	endoplasmatisches Retikulum	Golgi-Apparat	Zellmembran
0	0,95	0,05	0,00
20	0,64	0,28	0,08
40	0,38	0,39	0,23
60	0,17	0,38	0,44
80	0,05	0,28	0,65
100	0,00	0,25	0,70
150	0,00	0,05	0,77
200	0,00	0,00	0,75

2 Ermittelte Fluoreszenzintensität (rel. Werte)

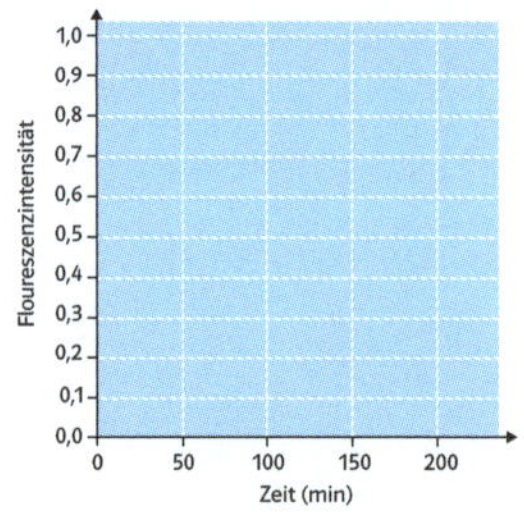

3 Grafische Darstellung der Fluoreszenzintensität

Die vielfältigen Aufgaben unterscheiden sich in Umfang und Schwierigkeit.

Aufgaben

10/100 ○ **1** Formulieren Sie zwei Fragen, die sich mithilfe der Nutzung von GFP hinsichtlich des Weges von Proteinmolekülen innerhalb des Endomembransystems beantworten lassen könnten.

10/100 ○ **2** Stellen Sie die Ergebnisse aus der Tabelle in Bild 2 grafisch dar [B 3].

20/100 ◒ **3** Beschreiben und erläutern Sie den skizzierten Kurvenverlauf [B 3].

30/100 ◒ **4** Erläutern Sie, warum nach 200 Minuten am Ende der Tabelle [B 2] die Fluoreszenzintensität nur noch bei 0,75 liegt im Vergleich zum Ausgangswert von etwa 1,0 zu Beginn der Messung.

30/100 ● **5** Stellen Sie je eine Hypothese auf, welchen Einfluss die Zugabe eines Giftstoffes auf die Fluoreszenzintensität von ER, Golgi-Apparat und Zellmembran haben könnte, der die Entstehung von Actinfilamenten verhindert.

Symbole und Medien

Aufgaben:

10/100 Punkte

○ leicht

◒ mittel

● schwer

Lösungen zum Arbeitsheft online und in der App verfügbar!

1. Auf **schueler.klett.de** anmelden
2. Nutzer-Schlüssel oder QR Code einlösen
3. Digitale Medien online nutzen oder in die **Klett Lernen App** laden

Nutzer-Schlüssel
ZbZk-4CU4-kg3t

Inhalt

Zellbiologie

Stoffwechsel

Vom Lebewesen bis zum Atom

Das Leben auf der Erde ist sehr vielgestaltig. Auf jede Organisationsebene folgt eine darauf aufbauende komplexere Ebene. Auf jeder Ebene kommen weitere Strukturen hinzu, die miteinander in Wechselwirkung stehen. Man spricht auch von den Organisationsebenen der Biologie.

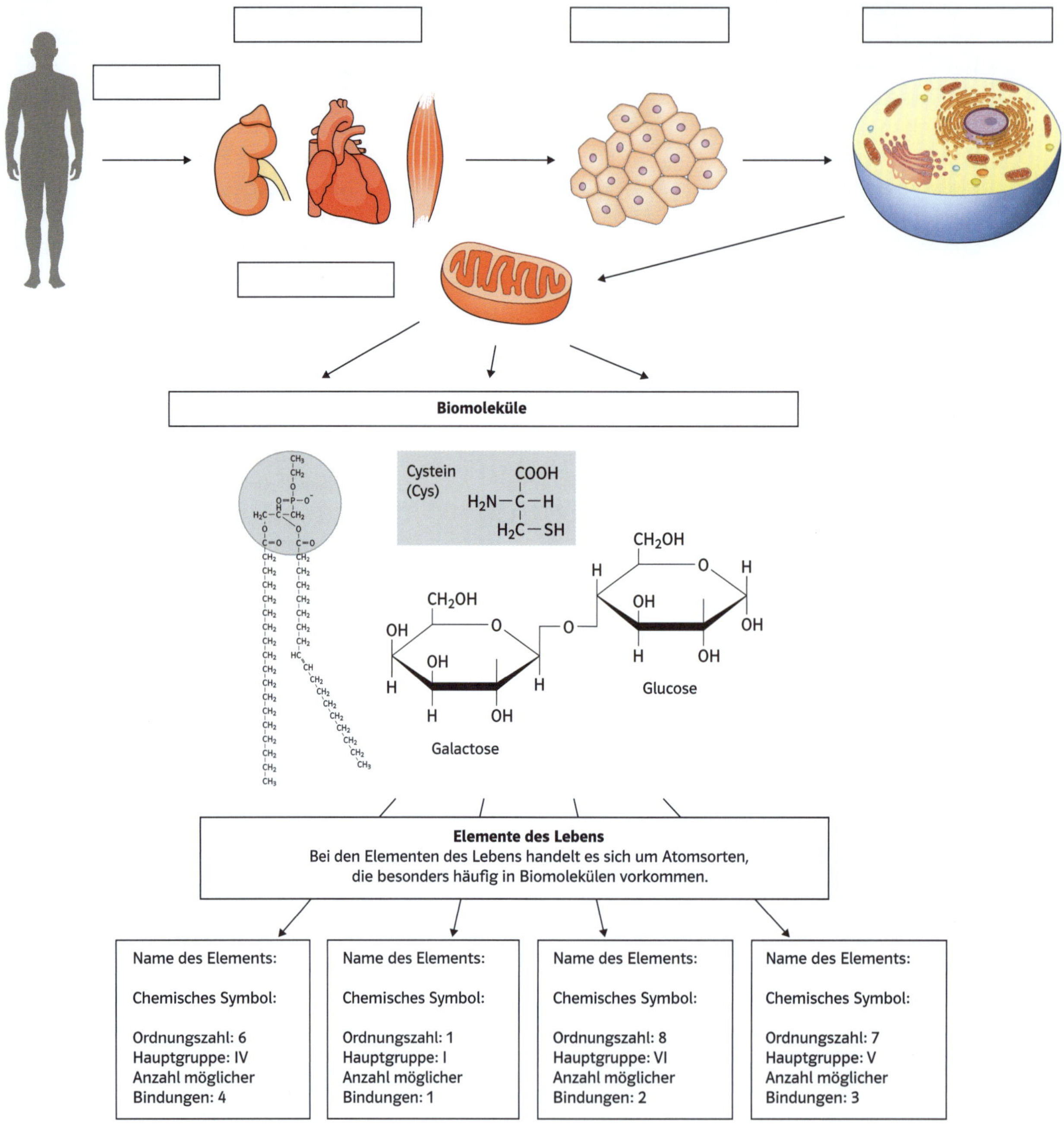

1 Organisationsebenen der Biologie

Aufgaben

30/100 ○ **1** Beschriften Sie die oben in Bild 1 dargestellten Organisationsebenen.

30/100 ◒ **2** Benennen Sie die Elemente des Lebens in Bild 1 unten anhand der gegebenen Informationen.

40/100 ● **3** Zeichnen Sie ein ATP-Molekül und benennen Sie daraus ein weiteres Element des Lebens. Leiten Sie aus dem Periodensystem der Elemente die Ordnungszahl, die Hauptgruppe und die Anzahl möglicher Bindungen für dieses Element ab.

Wissenschaftliches Zeichnen

Mikroskope ermöglichen die Untersuchung von Zellen. Um Strukturen auf einer mikroskopischen Aufnahme identifizieren zu können, sollte der grundsätzliche Bau einer Zelle und deren Strukturen bekannt sein. Mithilfe von elektronenmikroskopischen Bildern können auch Strukturen innerhalb einer Zelle sichtbar gemacht werden [B 1]. Im Unterricht werden Lichtmikroskope genutzt, durch die sich die Anordnungen von Zellen innerhalb von Geweben und einige gut sichtbare Komponenten innerhalb einer Zelle visualisieren lassen.

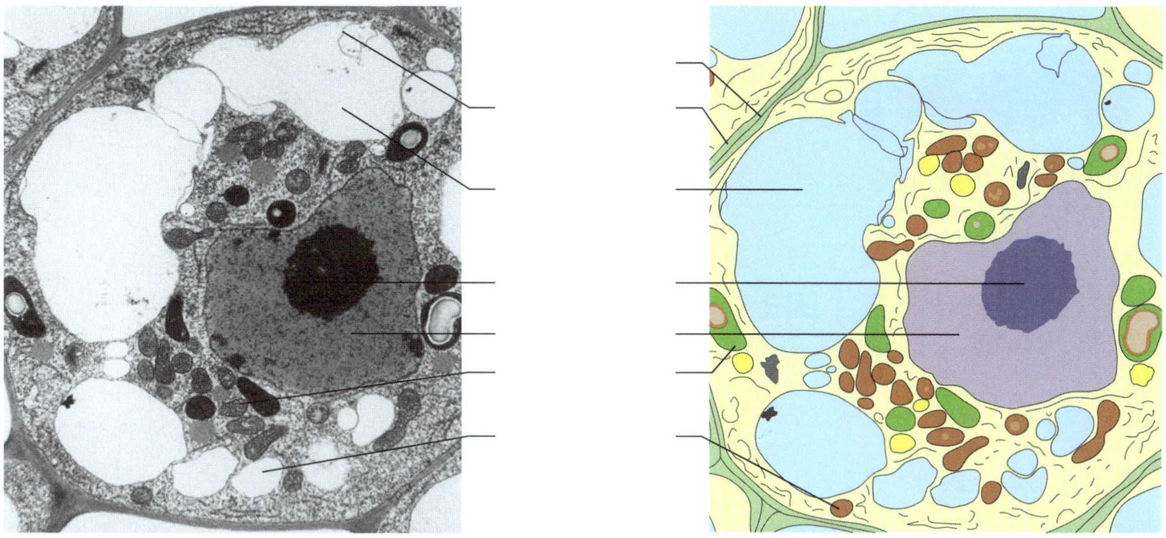

1 Vom TEM-Bild einer Pflanzenzelle zum Schema

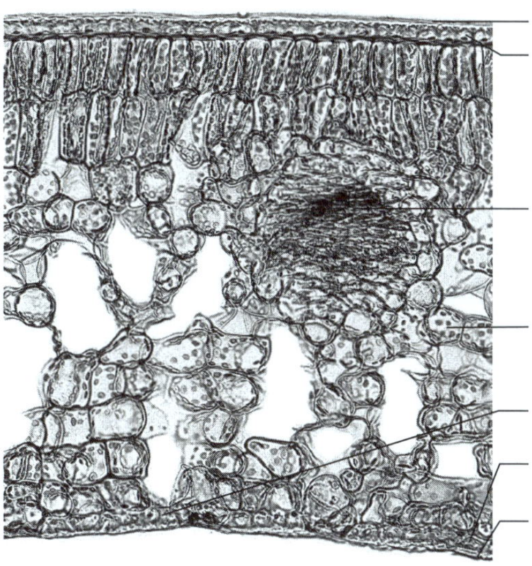

2 Mikroskopisches Präparat Blattquerschnitt (Kamelie)

Aufgaben

30/100 ○ **1** Beschriften Sie die einzelnen Komponenten der Pflanzenzelle in Bild 1.

30/100 ○ **2** Beschreiben Sie die charakteristischen Strukturen des mikroskopischen Präparats [B 2], auf die man beim Anfertigen einer Skizze achten muss.

40/100 ◒ **3** Zeichnen Sie das Präparat des Blattquerschnitts [B 2] und beschriften Sie es.

Prokaryoten und Eukaryoten im Vergleich

Zellen und erst recht ihre Organellen sind viel zu klein, um sie mit dem bloßen Auge erkennen zu können. Mithilfe von verschiedenen mikroskopischen Verfahren können wir uns heute eine Vorstellung von Zellen machen.

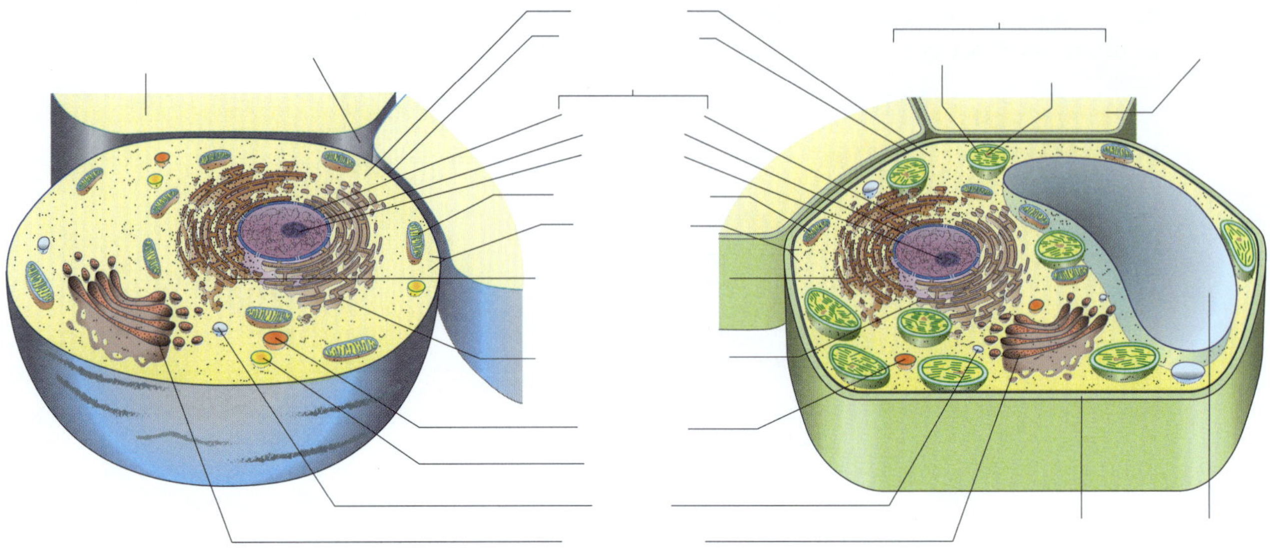

1 Eukaryotische Zellen

Zellorganell	Tierzelle	Pflanzenzelle	Bakterienzelle	Funktion
Zellkern	x	x	–	Steuerzentrale, enthält das genetische Material
Mitochondrium	...			
...				

2 Übersicht Zellorganellen

Aufgaben

30/100 ○ **1** Beschriften Sie die Strukturen der dargestellten Zellen in Bild 1. Begründen Sie, ob es sich bei diesen Zellen um eine Tier- oder eine Pflanzenzelle handelt.

30/100 ◒ **2** Skizzieren Sie eine beschriftete Bakterienzelle und begründen Sie, ob es sich dabei um einen Eukaryoten oder Prokaryoten handelt.

40/100 ◒ **3** Ergänzen Sie alle Ihnen bekannten Zellorganellen in einer Tabelle. Kreuzen Sie an, in welchem Zelltyp das Zellorganell vorkommt und benennen Sie dessen Funktion.

Tiere tanken Sonne?!

Pflanzliche Zellen besitzen Chloroplasten. Der in Chloroplasten befindliche Farbstoff Chlorophyll verleiht ihnen ihre grüne Farbe. Chlorophyll und andere Farbstoffe fangen das Sonnenlicht ein, das für den Aufbau energiereicher, organischer Substanzen in Form von Glucose benötigt wird. Auch im Tierreich gibt es innerhalb der Familie der Schlundsackschnecken einige Arten, die über die Nahrung aufgenommene Chloroplasten zumindest zeitweise im Körper, genauer im Verdauungsepithel, speichern können. Schlundsackschnecken leben zwischen Algen und ernähren sich auch von diesen. Forschende vermuten, dass die aufgenommenen Chloroplasten lange im Körper der Schnecke fotosynthetisch aktiv sind und daher auch, wie bei Pflanzen, zur Energiegewinnung genutzt werden.

1 *Elysia ornata*

2 *Elysia crispata*

3 *Plakobranchus occellatus*

4 *Costasiella kuroshimae*

In einer Versuchsreihe wurden verschiedenen Schlundsackschnecken (*C. kuroshimae, E. ornata, E. crispata und P. ocellatus*), die sich von Grünalgen ernähren und deren Chloroplasten einlagern können, nach ausgiebiger Fütterung für mehrere Tage keine Nahrung zur Verfügung gestellt. Die Ergebnisse dieser Versuchsreihe sind in Bild 5 zusammengefasst.
Während der Versuchsreihe schrumpften die Schnecken mit der Zeit. Es konnte gezeigt werden, dass *Plakobranchus ocellatus* und *Elysia crispata* am Ende der Hungerphase weniger Gewicht verloren hatten als *Costasiella kuroshimae* und *Elysia ornata*.

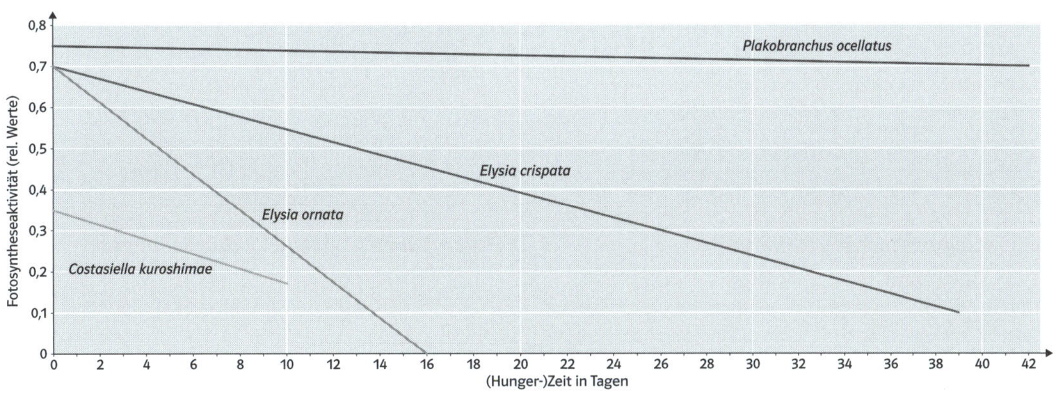

5 Fotosyntheseaktivität während Hungerversuchen bei Schlundsackschnecken

Aufgaben

20/100 ○ **1** Beschreiben Sie die Ergebnisse der in Bild 5 dargestellten Versuchsreihe.

40/100 ◒ **2** Erklären Sie die in Bild 5 dargestellten Befunde.

40/100 ● **3** Stellen Sie jeweils eine Hypothese auf, welchen Einfluss die Beleuchtungsstärke auf die beiden Arten *Plakobranchus ocellatus* und *Costasiella kuroshimae* während des Hungerversuches haben könnte.

Die Reise der Proteine

In einer Zelle werden ununterbrochen Moleküle hergestellt, verpackt, verändert, transportiert und abgebaut. Dies geschieht in unterschiedlichen Zellorganellen, die man als Endomembransystem zusammenfasst. Das System besteht aus verschiedenen membrangebundenen Kompartimenten (einschließlich ER, Golgi-Apparat und Zellmembran). Die Moleküle werden in Vesikeln zwischen den einzelnen Kompartimenten transportiert. Dies ermöglicht eukaryotischen Zellen ihre äußere Oberfläche und Umgebung zu modifizieren sowie Wachstum und Homöostase zu kontrollieren.

Die Entdeckung und Nutzung eines grün fluoreszierenden Proteins (GFP) aus der Quallenart *Aequorea victoria* hat es ermöglicht, den Weg von Proteinmolekülen im Endomembransystem innerhalb von lebenden Zellen sichtbar zu machen. Hierfür wurde das genetische Material von zu untersuchenden Proteinmolekülen mit dem genetischen Material des GFP ergänzt. Aus dem kombinierten genetischen Material entsteht ein zusammengesetztes Protein. Infolgedessen hatten die Proteinmoleküle die fluoreszierende Eigenschaft, ohne die eigentliche Funktion der Proteinmoleküle im Endomembransystem zu beeinflussen. Mit einem speziellen Mikroskop konnte so die Fluoreszenzintensität in verschiedenen Kompartimenten sichtbar gemacht werden [B 2].

1 *Aequorea victoria*

Zeit (min)	endoplasmatisches Retikulum	Golgi-Apparat	Zellmembran
0	0,95	0,05	0,00
20	0,64	0,28	0,08
40	0,38	0,39	0,23
60	0,17	0,38	0,44
80	0,05	0,28	0,65
100	0,00	0,25	0,70
150	0,00	0,05	0,77
200	0,00	0,00	0,75

2 Ermittelte Fluoreszenzintensität (rel. Werte)

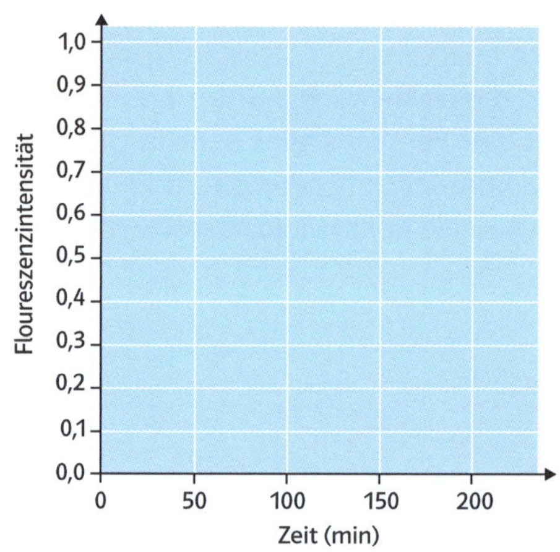

3 Grafische Darstellung der Fluoreszenzintensität

Aufgaben

10/100 ○ **1** Formulieren Sie zwei Fragen, die sich mithilfe der Nutzung von GFP hinsichtlich des Weges von Proteinmolekülen innerhalb des Endomembransystems beantworten lassen könnten.

10/100 ○ **2** Stellen Sie die Ergebnisse aus der Tabelle in Bild 2 grafisch dar [B 3].

20/100 ◒ **3** Beschreiben und erläutern Sie den skizzierten Kurvenverlauf [B 3].

30/100 ◒ **4** Erläutern Sie, warum nach 200 Minuten am Ende der Tabelle [B 2] die Fluoreszenzintensität nur noch bei 0,75 liegt im Vergleich zum Ausgangswert von etwa 1,0 zu Beginn der Messung.

30/100 ● **5** Stellen Sie je eine Hypothese auf, welchen Einfluss die Zugabe eines Giftstoffes auf die Fluoreszenzintensität von ER, Golgi-Apparat und Zellmembran haben könnte, der die Entstehung von Actinfilamenten verhindert.

Tauziehen oder Angelschnur?

Der deutsche Anatom Walther Flemming (1843–1905) konnte 1882 mithilfe eines industriell entwickelten Teerfarbstoffes, die Bewegungen der Chromosomen während der Mitose und Cytokinese sichtbar machen. Zur damaligen Zeit war mit den vorhandenen Hilfsmitteln jedoch nur ein einfaches Größenwachstum der Zelle erkennbar, kein Vergleich zu den heute im Detail bekannten Vorgänge während einer Zellteilung, wie in Bild 1 dargestellt (genetisches Material: rot, Spindelfasern: grün).

Mikroskopisches Bild	Phase	Skizze/ Beschreibung
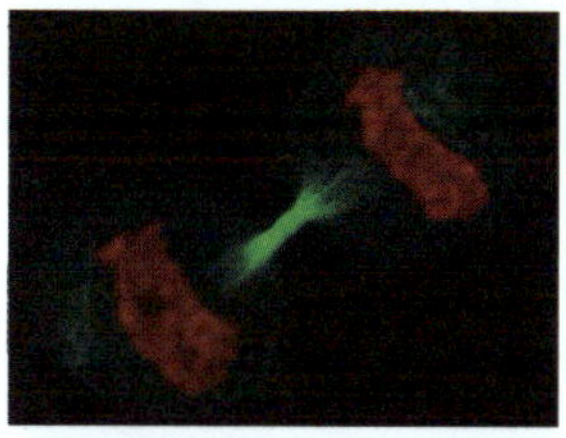	Interphase	
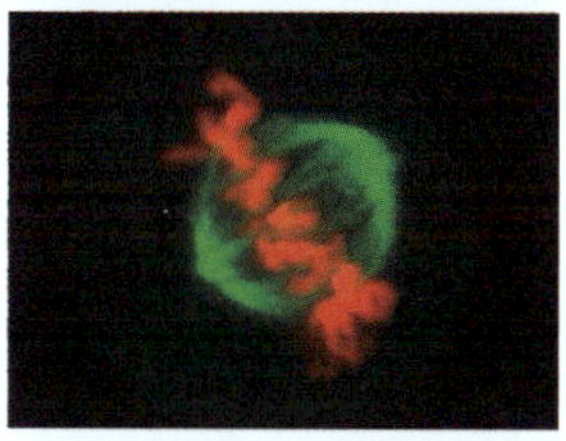	Prophase	
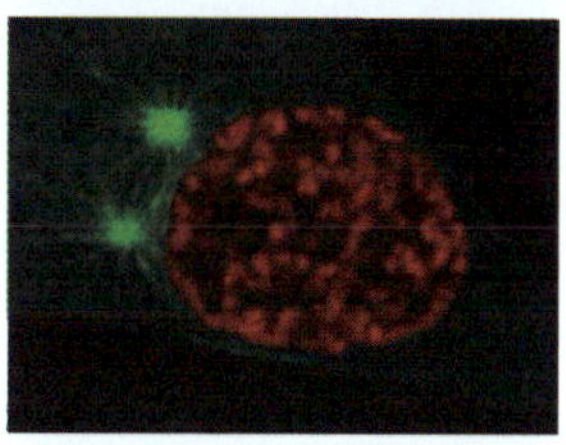	Prometaphase	
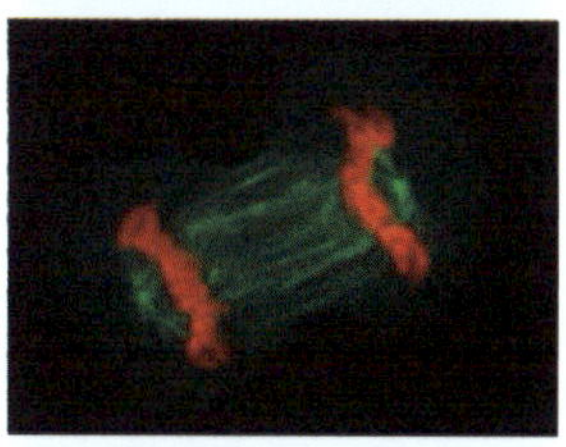	Metaphase	
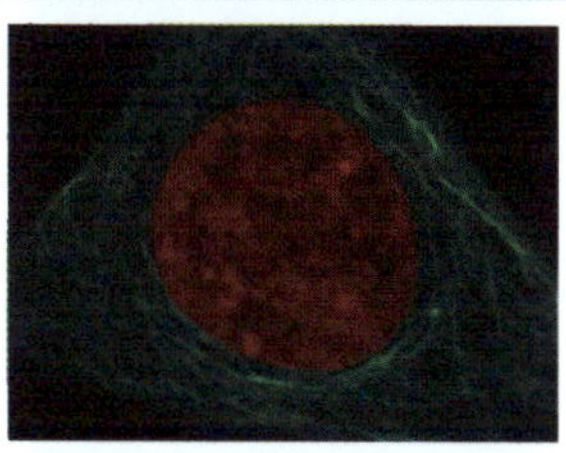	Anaphase	
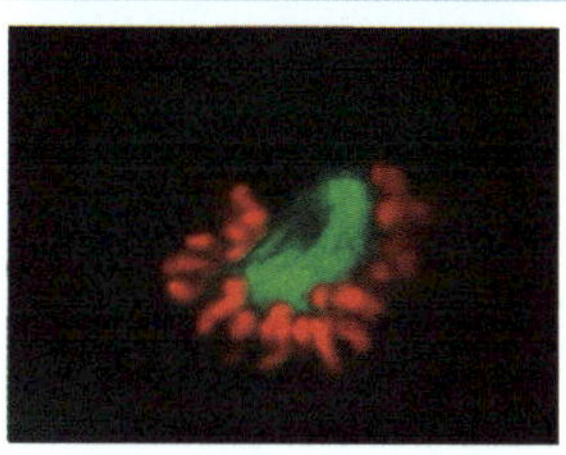	Telophase	

1 Mitosephasen einer Tierzelle

Während der Mitose finden eine Vielzahl an Abläufen gleichzeitig statt, deren Hintergründe immer noch Grundlage unterschiedlicher Forschungen sind. Das Team um Gary Borisy erforschte beispielsweise die Bewegung der Chromatiden während der Anaphase in Nierenzellen des Schweines.

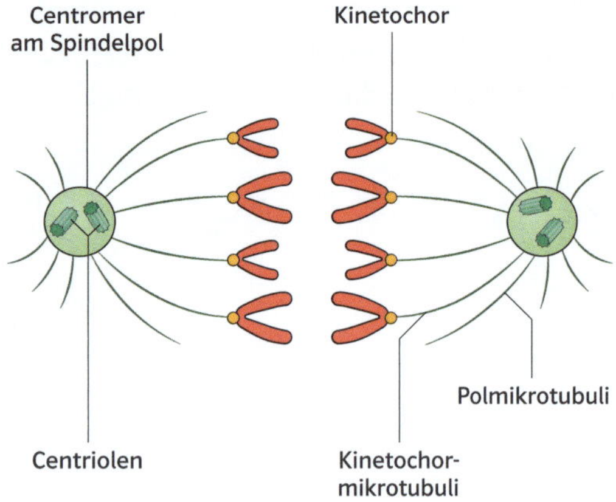

2 Spindelapparat

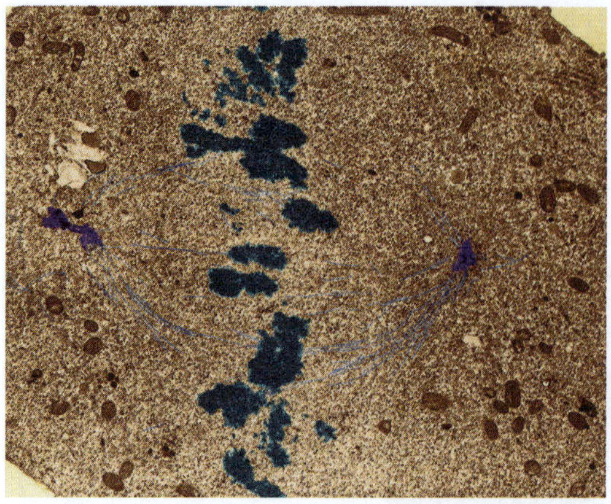

3 Eingefärbte elektronenmikroskopische Aufnahme

Zur damaligen Zeit gab es zwei Vorstellungen hinsichtlich der Bewegung der Chromatiden. Eine Theorie ging davon aus, dass die Chromatiden vom Centromer am Spindelpol, wie bei einer ausgeworfenen Angel, eingeholt werden. Eine andere Theorie besagte, dass an den Kinetochormikrotubuli direkt am Kinetochor wie beim Tauziehen gezogen wird, wodurch eine Bewegung in Richtung Spindelpol entsteht. Es galt daher die Frage zu beantworten, an welchem Ende sich die Mikrotubuli verkürzen, während die Chromatiden im Laufe der Anaphase in Richtung der Spindelpole bewegt werden.

In einer 1987 veröffentlichten Studie berichtete das Team um Borisy davon, dass es sich in den von ihnen analysierten Zellen um ein sinnbildliches Tauziehen handelt. Die Mikrotubuli verkürzen sich an den Kinotochorenden, nicht jedoch an den Enden der Spindelpole.

Aufgaben

6/100 ○ **1** Ordnen Sie die mikroskopischen Bilder der Mitosephasen bei einer Tierzelle der richtigen Phase zu, z.B. durch Linien ziehen [B 1].

36/100 ○ **2** Skizzieren Sie die einzelnen Phasen und begründen Sie ihre Zuordnung. Verwenden Sie für ihre Skizze zwei homologe Chromosomenpaare.

10/100 ◒ **3** Beschriften Sie mithilfe von Bild 2 die elektronenmikroskopische Aufnahme in Bild 3.

30/100 ◒ **4** Entwickeln Sie ein Experiment, mit dem sich eine der beiden im Text angesprochenen Überlegungen nachweisen lässt, an welchem Ende (Spindelpol oder Kinetochor) sich die Mikrotubuli verkürzen.

18/100 ● **5** Erläutern Sie, wie das Ergebnis des ausgewählten Experimentes aussehen müsste, um die Erkenntnisse der 1987 veröffentlichen Studie zu belegen.

Bewegliches Cytoskelett

Zellen weisen mitunter sehr außergewöhnliche Formen auf. Einzeller, wie die Amöbe, auch Wechseltierchen genannt, bestehen aus einer unregelmäßig geformten Zelle [B 1]. Ihre Körpergestalt kann sich fortlaufend ändern. Neben der Fortbewegung spielt dies auch bei der Nahrungsaufnahme eine wichtige Rolle. Verantwortlich für die sich veränderte Körpergestalt ist einem Modell zufolge die Wechselwirkung zwischen Actinfilamenten und dem Protein Myosin [B 2].

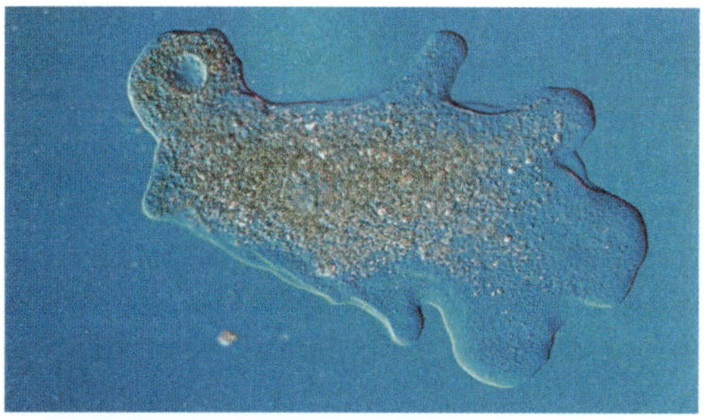

1 Amöbe *(Amoeba proteus)*

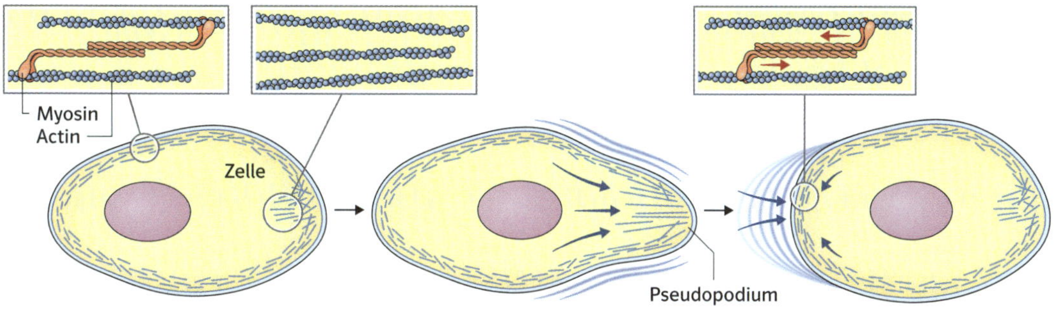

2 Modell von Zellbewegungen

Um die Hypothese, dass Actinfilamente an Zellbewegungen beteiligt sind, überprüfen zu können, haben Forschende Amöben mit verschiedenen Wirkstoffen behandelt und im Anschluss daran deren Zellgestalt beobachtet [B 3]. Man konnte sich bewegende Zellen mit entsprechenden Ausstülpungen erkennen und nicht bewegliche kugelförmige Zellen.

Wirkstoff	Wirkung
Cytochalasin B	Verhindert die Bildung von Actinfilamenten aus Actin-Monomeren
Cycloheximid	Verhindert die Neusynthese von Proteinen
Dinitrophenol	Unterbindet die Neubildung von ATP (Energie)
Colchicin	Hemmt die Ausbildung der für die Mitose notwendigen Spindelfasern

3 Für das Experiment verwendete Wirkstoffe

Vewendeter Wirkstoff	Kugelförmige Zellen (in %)
Kontrolle (ohne Wirkstoff)	3
Cytochalasin B	95
Colchicin	4
Cycloheximid	3
Cycloheximid + Cytochalasin B	94
Dinitrophenol	5
Dinitrophenol + Cytochalasin B	85

4 Ergebnisse

Aufgaben

25/100 ○ **1** Beschreiben Sie den in Bild 2 dargestellten Ablauf bei Zellbewegungen.

45/100 ◒ **2** Erklären Sie die Auswahl der für das Experiment gewählten Wirkstoffe und erläutern Sie, warum neben der Zugabe einzelner Wirkstoffe auch Wirkstoffkombinationen gewählt wurden.

30/100 ● **3** Interpretieren Sie das Ergebnis des Experiments [B 4] und überprüfen Sie die in Bild 2 im Modell dargestellten Vorgänge bei Zellbewegungen.

Biologie der Bakterien

Lebewesen, deren Zellen keinen Zellkern aufweisen, werden Prokaryoten (pro *gr:* vor, karyon *gr:* Nuss, Kern) genannt [B 1]. Prokaryoten waren für 2 Milliarden Jahre die einzige Lebensform auf der Erde. Obwohl Bakterien die kleinsten Lebewesen sind, dominieren sie auch heute noch die belebte Welt der Erde an Masse und Anzahl. Die meisten Bakterienarten leben heterotroph (fremdernährend) von der Biomasse anderer Lebewesen. Allerdings gibt es auch autotrophe Arten, die Nährstoffe aus anorganischen Stoffen erzeugen. Blaugrüne Cyanobakterien nutzen dazu wie Pflanzen die Sonnenenergie; sie sind fotoautotroph. Schwefelbakterien hingegen oxidieren Schwefelwasserstoff und nutzen die dabei verfügbar werdende Energie zur Nährstoffproduktion, sie sind chemoautotroph. Sind die Bedingungen günstig, können aus einem einzelnen Bakterium innerhalb von 20 Minuten durch Zellteilung zwei Bakterien entstehen. Diese kurze Generationsdauer und das günstige Oberflächen-/Volumen-Verhältnis [B 2] der vergleichsweise kleinen Zellen ist ein Erfolgsrezept vieler Bakterien.

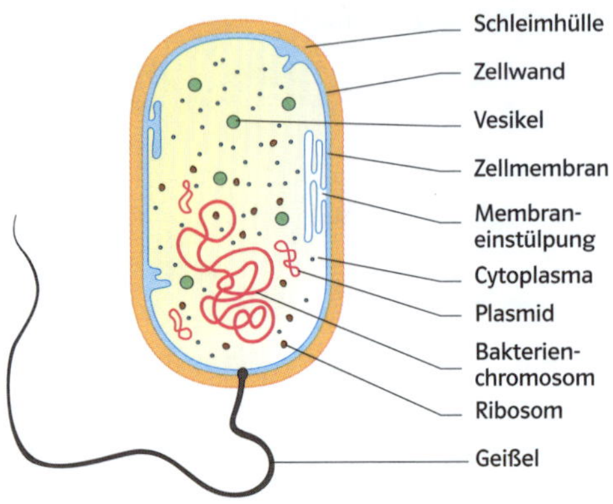

1 Aufbau Bakterium

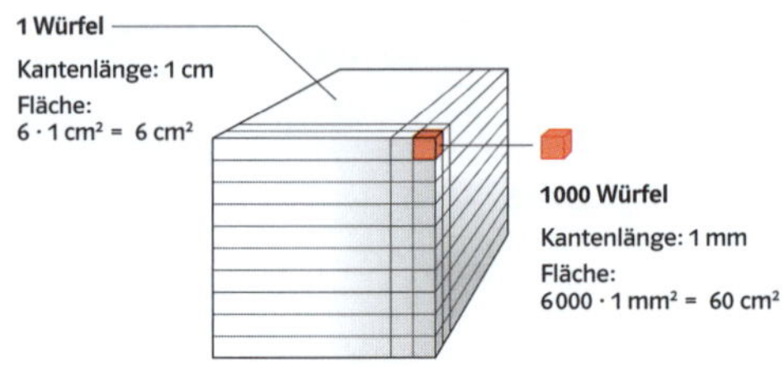

2 Modell Oberfläche Bakterium

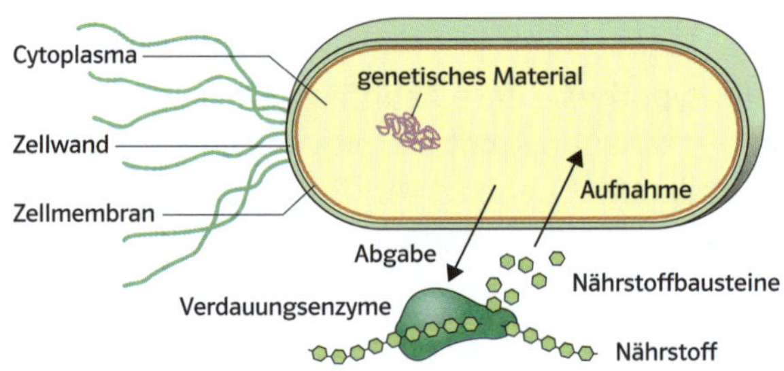

3 Ernährung mithilfe von Enzymen

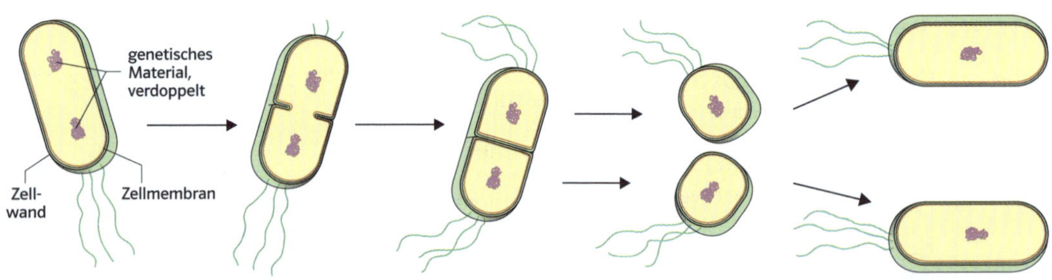

4 Vermehrung von Bakterien

Aufgaben

20/100 **1** Die Bakterienzahl kann unter günstigen Bedingungen exponentiell ansteigen. Berechnen Sie die Bakterienzahl, die in 24 Stunden aus einem Bakterium bei einer Generationsdauer von 20 Minuten entstehen kann.

50/100 **2** Belegen Sie mithilfe einer Modellrechnung anhand von Bild 2, warum die geringe Größe von Bakterien vorteilhaft für die Nährstoffversorgung ist.

30/100 **3** Vergleichen Sie die in Bild 3 dargestellte Ernährung der Bakterien mithilfe von Enzymen mit den Vorgängen im menschlichen Dünndarm.

Herkunft von Mitochondrien und Chloroplasten

Das erste Leben auf der Erde entstand vor etwa 3,5 Mrd. Jahren in Form von prokaryotischen Einzellern. Erst viel später traten die komplexer gebauten Eukaryoten auf, die ältesten Fossilfunde sind etwa 1,8 Mrd. Jahre alt. Mithilfe der sog. Endosymbiontentheorie erklärt man sich heute die Entstehung des Zelltyps der Eukaryoten [B 1]. Diese Theorie zur Entstehung der Chloroplasten und Mitochondrien ist mittlerweile umfangreich belegt. Die früheren Vermutungen können durch moderne Methoden bestätigt werden: DNA-Vergleiche prokaryotischer Gene mit Genen aus Chloroplasten bzw. Mitochondrien zeigen z. B. eine prokaryotische Abstammung dieser Organellen.

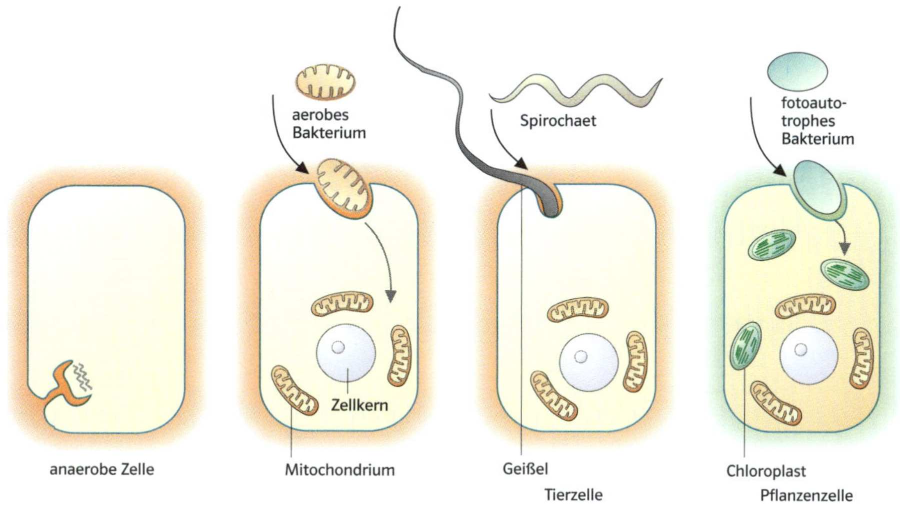

1 Endosymbiontentheorie

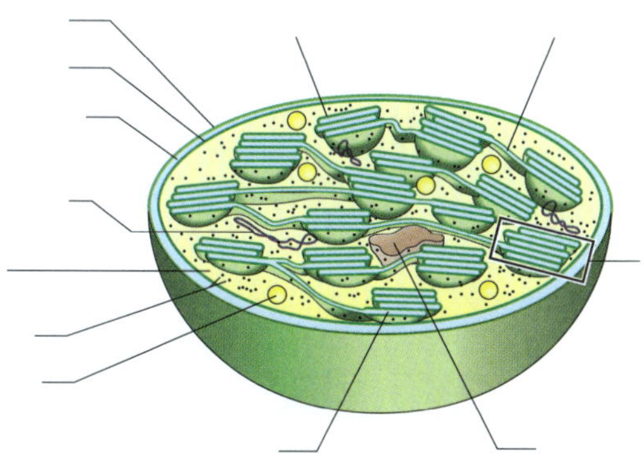

2 Aufbau Chloroplast

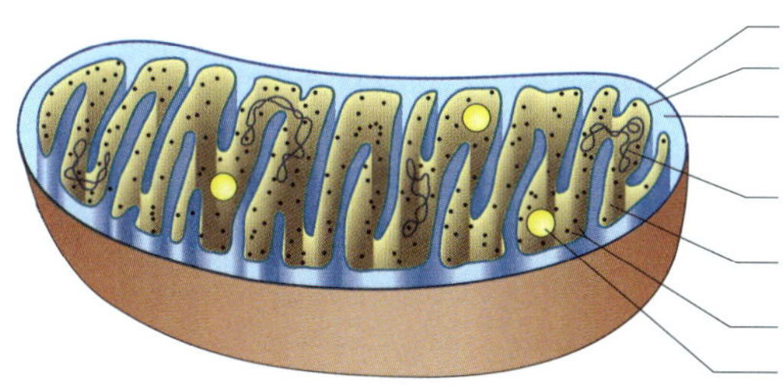

3 Aufbau Mitochondrium

Aufgaben

15/100 ○ **1** Vergleichen Sie den Aufbau von Chloroplasten und Mitochondrien, indem Sie Bild 2 und Bild 3 beschriften und anschließend die Namen analoger Strukturen mit gleicher Farbe markieren.

45/100 ◒ **2** Beschreiben Sie die Entstehung der Ur-Tierzelle und -Pflanzenzelle unter Zuhilfenahme von Bild 1.

20/100 ◒ **3** Begründen Sie die Gültigkeit der Endosymbiontentheorie, indem Sie eine Tabelle mit Vergleichsdaten zu Prokaryoten, Eukaryoten und Mitochondrien/Chloroplasten erstellen. Gehen Sie auf Folgendes ein: genetisches Material, Umgrenzung, eigene Proteinbiosynthese, Teilung der Zelle/Zellorganelle, Ribosomen.

20/100 ● **4** Im Laufe der Evolution wurden viele ursprünglich prokaryotische Gene in den Zellkern übertragen. Stellen Sie eine Hypothese auf, wie dies die Integration der Prokaryoten in die Zelle begünstigte.

Vom Einzeller zum Vielzeller

Man nimmt an, dass alle heute lebenden (rezenten) Tierarten auf eine gemeinsame Vorfahren-Form zurückzuführen sind. Sie existierte nach genetischen Berechnungen vor rund 800 Millionen Jahren. Fossilien von Tieren reichen aber lediglich 580 Millionen Jahre zurück. In dem Bemühen, die Anfänge der Vielzelligkeit bei Tieren zu verstehen, untersucht man rezente Organismen, die lose Verbände bilden. Besonderes Interesse gilt dabei Kragengeißelflagellaten wie die Art *Salpingoeca rosetta* [B 4]. Dabei handelt es sich um eine rezente Art von Lebewesen, die nach derzeitigem Kenntnisstand mit dem gemeinsamen Vorfahren der Tiere eng verwandt ist.

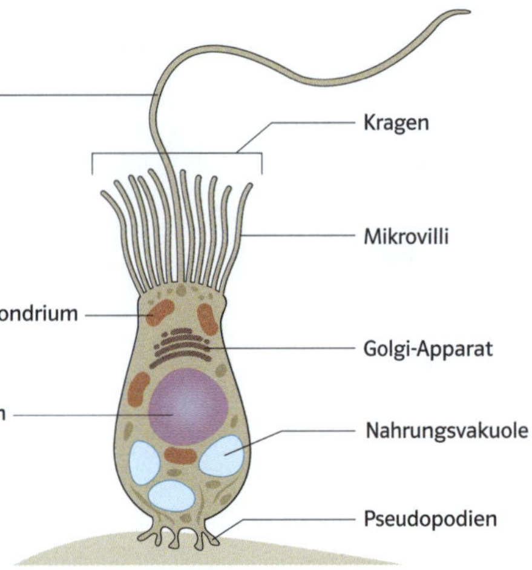

1 Kragengeißelflagellat Salpingoeca

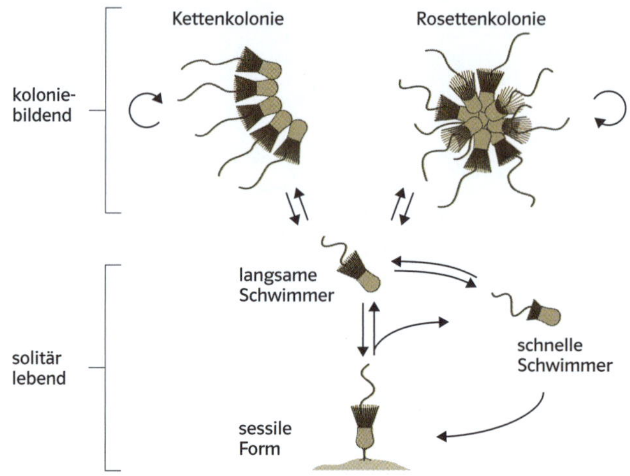

2 Koloniebildung bei Salpingoeca

Rezente Kragengeißelflagellaten gibt es einzellig und mehrzellig (als Kolonien). Einzelzellen sind mit ihrer Geißel im Wasser beweglich. Sie können sich mit ihren klebrigen Pseudopodien oder aber auch am Untergrund festsetzen. Mithilfe ihrer Geißel erzeugen sie einen Wasserstrom, der Nahrung (z.B. Bakterien) an den sog. Kragen befördert. Bleibt Nahrung daran kleben, wird sie durch Phagocytose von der Zelle aufgenommen. Zellen von *Salpingoeca rosetta* können nach der Teilung auch zusammenbleiben und dreidimensionale Strukturen in Form von freischwimmenden Kolonien bilden.

3 Lebensweise rezenter Kragengeißelflagellaten

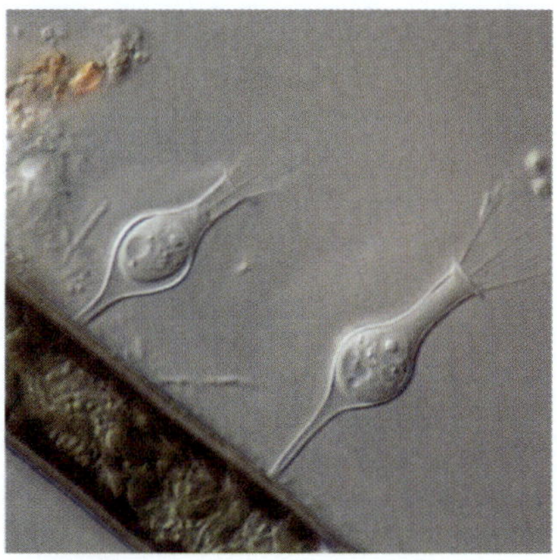

4 *Salpingoeca rosetta* an einem Algenfaden

Aufgaben

40/100 ◐ **1** Das Aneinander-Haften von Zellen (Zelladhäsion) ist eine Voraussetzung für Vielzelligkeit. Dabei spielen Moleküle auf der Zellmembran (Adhäsionsmoleküle) eine Schlüsselrolle. Beschreiben Sie die Zustände bei Kragengeißelflagellaten, in denen Adhäsion von Bedeutung ist.

60/100 ● **2** Tiere sind vielzellig, bestehen aus unterschiedlich differenzierten Zellen und pflanzen sich überwiegend sexuell mithilfe von Spermien und Eizellen fort. Entwickeln Sie am Beispiel der Kragengeißelflagellaten mithilfe von Bild 1 und Bild 2 ein Modell zur Entstehung von Vielzellern aus Einzeller-Vorfahren.

Die Darmflora – Prokaryoten des Menschen

Mehr als 1000 verschiedene Arten von Prokaryoten leben in unserem Darm und tragen zu einer gut funktionierenden Verdauung bei. Sie bilden die sogenannte Darmflora. Hinzu kommen Einzeller, deren Menge und Funktion noch nicht vollständig erforscht ist. Ein kleiner Teil der Bakterien im Verdauungstrakt kommt bei allen Menschen gleichermaßen vor, sie bilden den Grundstock der Darmflora. Der weitaus größere Teil der Darmflora ist jedoch (von Mensch zu Mensch) individuell ausgeprägt.

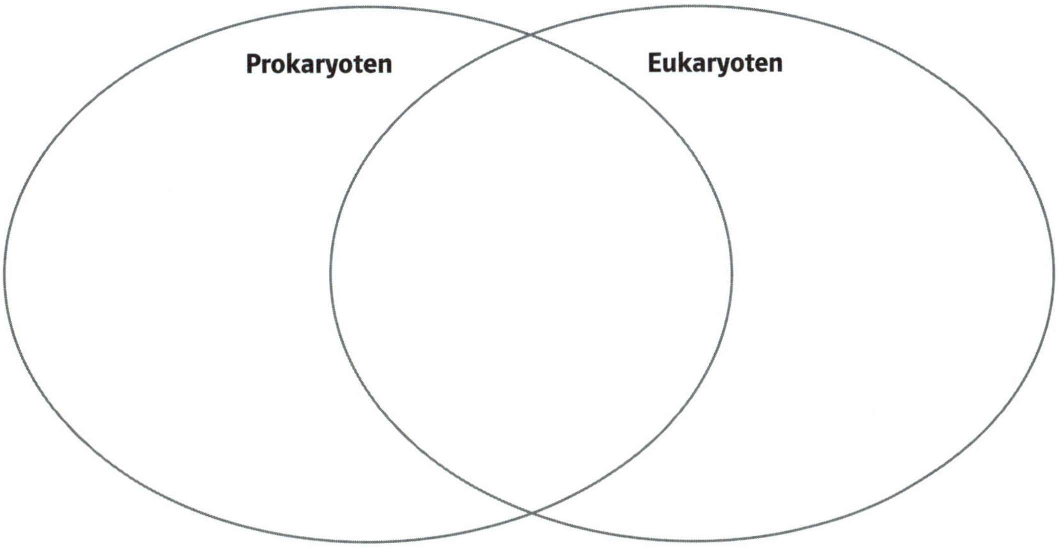

1 VENN-Diagramm

Für die genaue Analyse der Darmflora in wissenschaftlichen Studien werden spezielle Mäuse oder Ratten ohne Darmflora (oD) gezüchtet. Der Vergleich dieser Mäuse mit Mäusen mit einer normalen Darmflora (nD) und Mäusen ohne Darmflora, denen die gewöhnliche Darmflora verabreicht wurde (o/nD), führte zu den Ergebnissen in Bild 2 und Bild 3.

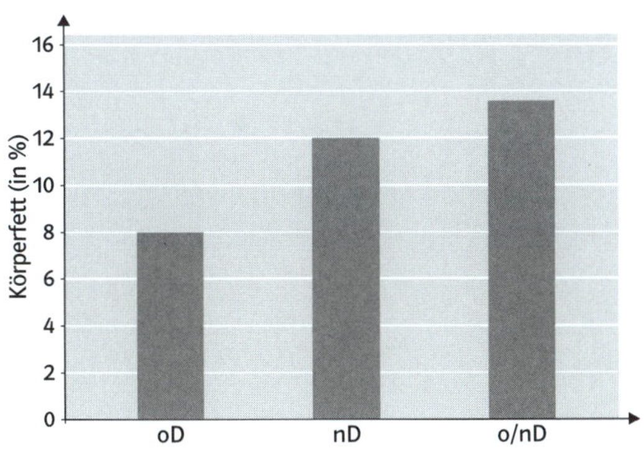

2 Körperfettanteil in Abhängigkeit der Darmflora

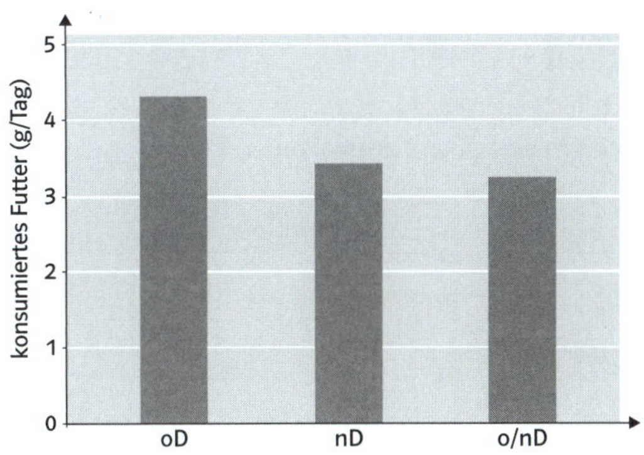

3 Konsumiertes Futter in Abhängigkeit von der Darmflora

In einer weiteren Studie wurde die Zusammensetzung der menschlichen Darmflora ermittelt, um herauszufinden, welche Bakterienarten einen Einfluss auf den Körperfettanteil des Menschen haben könnten. Hierfür wurde die Darmflora einer Versuchsperson mit starkem Übergewicht (174,8 kg) analysiert. Anschließend wurde auf eine ausgewogene Ernährung umgestellt. Dies führte zu einer Gewichtsreduzierung von 51,4 kg innerhalb von 23 Wochen. Die Darmflora wurde nach 9 und 23 Wochen abermals analysiert. Die Ergebnisse sind in Bild 5 dokumentiert.

4 Wachstumskurve von Bakterien

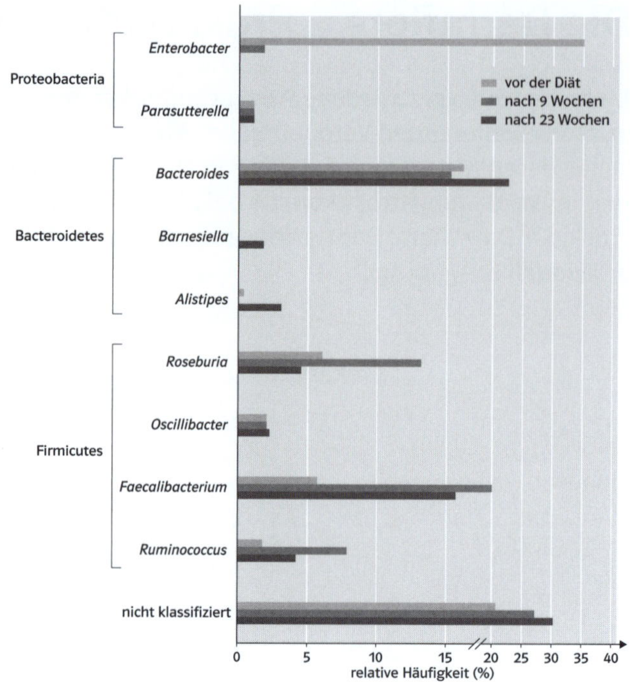

5 Darmflora der Versuchsperson

Bakterium	Funktion

6 Informationen zu einzelnen Darmbakterien

Aufgaben

15/100 ○ **1** Vergleichen Sie Prokaryoten und Eukaryoten miteinander und tragen Sie die Unterschiede und Gemeinsamkeiten in das VENN-Diagramm [B 1] ein.

15/100 ◒ **2** Beschreiben Sie die Versuchsergebnisse von Bild 2 und Bild 3 und erklären Sie diese.

10/100 ◒ **3** Skizzieren Sie den Kurvenverlauf ausgehend von einer Bakterienzelle im Darm, die sich unter idealen Lebensbedingungen alle 20 Minuten teilen kann [B 4].

15/100 ○ **4** Recherchieren Sie zu drei selbstgewählten der in Bild 5 genannten Bakterienarten und stellen Sie Informationen nach selbstgewählten Kriterien zusammen [B 6].

20/100 ◒ **5** Analysieren Sie Bild 5. Stellen Sie einen Zusammenhang zwischen Übergewicht und Darmflora her.

25/100 ● **6** Entwickeln Sie ähnlich zu Bild 2 und Bild 3 eine weiterführende Testreihe, mit der die Ergebnisse von Bild 5 nachgewiesen werden könnten.

Schweine – menschliche Ersatzteillager?!

Im menschlichen Körper kann man zwischen über 200 verschiedenen, teilweise sehr spezialisierten und stark differenzierte Zelltypen unterscheiden [B 1]. Diese Zellen sind oft nicht mehr teilungsfähig. Jeder Organismus weist auch Zellen auf, die ihre Teilungsfähigkeit behalten, die sogenannten Stammzellen. Wichtige Fachbegriffe rund um das Thema Stammzellen sind in Bild 1 zusammengetragen.

Begriff	Definition
Embryonale Stammzellen	
Adulte Stammzellen	
pluripotent	
multipotent	
totipotent	
Zygote	
Differenzierung	
Determination	
Blastocyste	
induzierte pluripotente Stammzellen	

1 Fachbegriffe rund um das Thema Stammzellen

Methode: Lernlandkarte
Mit einer Lernlandkarte verschafft man sich einen Überblick über ein Thema. Sie hilft dabei, Zusammenhänge darzustellen. Hierfür werden die einzelnen Begriffe jeweils auf einen eigenen Zettel geschrieben (links). Anschließend können diese auf einer Arbeitsfläche zueinander angeordnet werden (rechts). So lässt sich Wissen visualisieren und vernetzen – eine gute Strategie zum Lernen.

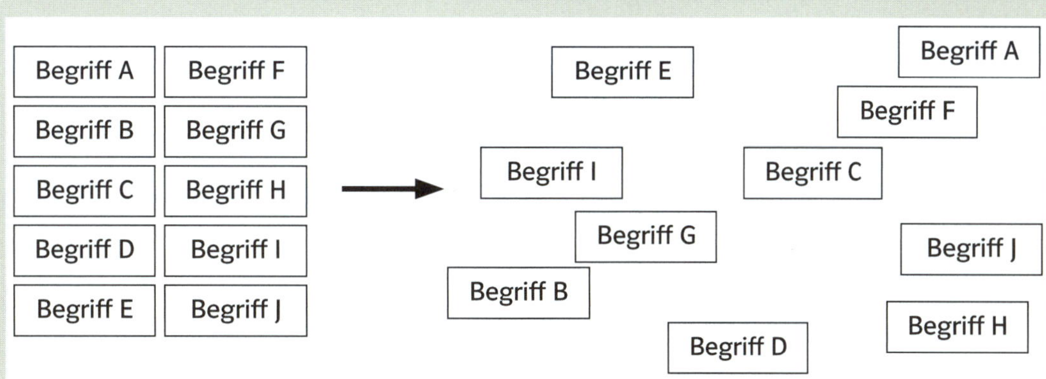

2 Lernlandkarte

Auch für Organtransplantationen spielen Stammzellen eine wichtige Rolle und stehen daher im Mittelpunkt unterschiedlicher Forschungsansätze. Durch eine Organtransplantation kann einem lebensbedrohlich erkrankten Menschen Lebenszeit geschenkt werden. Jedoch ist die Anzahl an Spenderorganen begrenzt, weshalb über 10.000 Menschen in Deutschland auf ein Spenderorgan warten. Hinzu kommt, dass für jeden Empfänger der passende Spender gefunden werden muss, um eine mögliche Abstoßung des transplantierten Organs zu minimieren. Um der immer größer werdenden Kluft zwischen Menschen, die eine Transplantation benötigen und der Anzahl an verfügbaren Spenderorganen entgegenzuwirken, verfolgen Forschende unterschiedliche Ansätze. Beispielsweise versucht man Stammzellen in einem künstlichen, dem Organ nachempfundenen Gerüst, zu einem Gewebeverband heranwachsen zu lassen. Die Ausdifferenzierung der Stammzellen jedoch so zu steuern, dass ein voll funktionsfähiges Organ dabei entsteht, ist bisher noch nicht gelungen. Anstatt Organe künstlich herzustellen und der Natur nachzuempfinden, verfolgt ein anderer Ansatz die Möglichkeit, Organe z.B. aus Schweinen oder anderen Tieren zu entnehmen, um sie einem Menschen einzusetzen. Ein normale Schweineniere kann jedoch nicht verwendet werden, weil dies massive Abstoßungsreaktionen des Immunsystems zur Folge hätte. Es gibt daher Ansätze, Organe aus menschlichen Zellen in Tieren zu züchten [B 3].

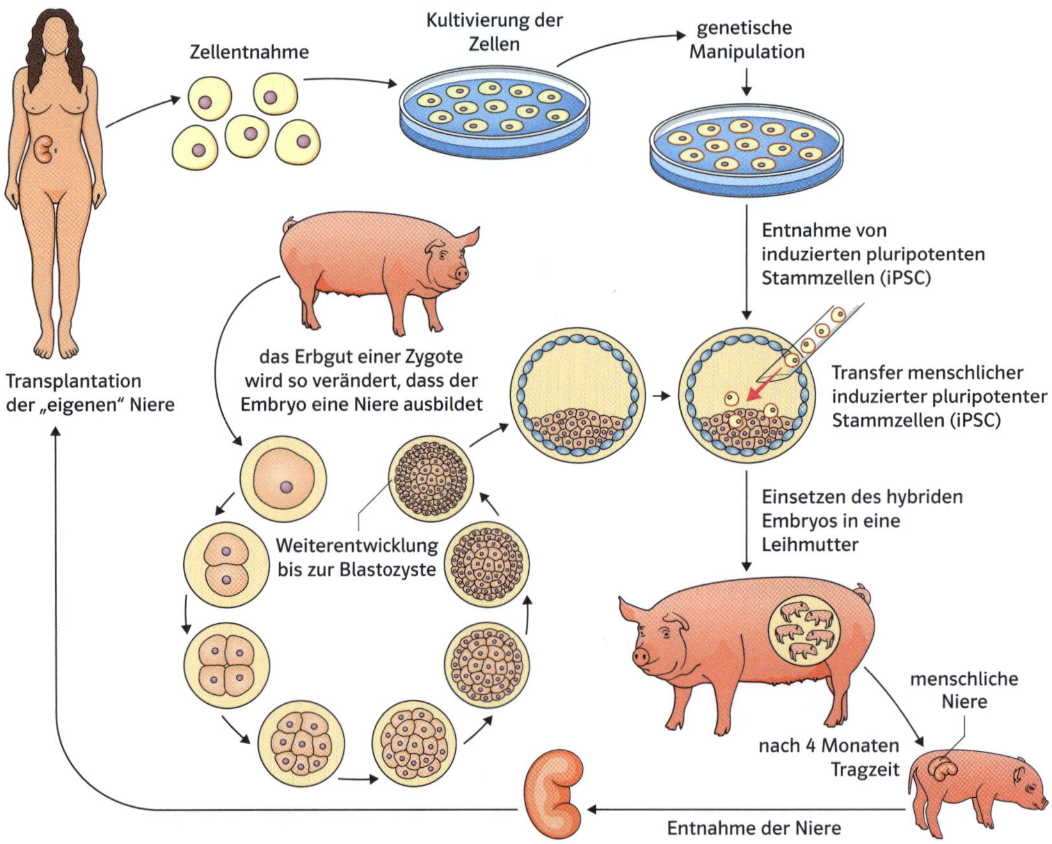

3 Vorgehensweise zur Gewinnung menschlicher Organe aus Tieren

Aufgaben

30/100 ○ **1** Definieren Sie die aufgeführten Begriffe und erstellen Sie mit diesen eine analoge oder digitale Lernlandkarte [B 1 und B 2].

30/100 ◒ **2** Beschreiben Sie die dargestellte Vorgehensweise zur Herstellung einer menschlichen Niere [B 3].

20/100 ◒ **3** Erörtern Sie Argumente für und gegen den in Bild 3 dargestellten Ansatz.

20/100 ● **4** Nehmen Sie Stellung zur Überschrift „Schweine – menschliche Ersatzteillager?!"

Die Steuerzentrale der Zelle

In einer eukaryotischen Zelle enthält der Zellkern den Großteil an genetischem Material. Je nach Zelltyp beträgt sein Durchmesser zwischen 5 und 25 µm. Eine Doppelmembran umschließt den Zellkern und schafft damit einen vom Cytoplasma abgetrennten Raum (Kompartimentierung). Sie wird in eine innere und äußere Zellkernmembran unterteilt und ist von zahlreichen Kernporen (orange) durchzogen. Im Bereich der Kernporen ist die äußere Zellkernmembran (dunkelgrün) nach innen gewölbt und mit der inneren Zellkernmembran (hellgrün) verbunden. Außer an den Bereichen der Kernporen, ist die innere Zellkernmembran von einer sogenannten Kernlamina (violett) ausgekleidet. Zwischen der inneren und äußeren Zellkernmembran der Zellkernhülle befindet sich der perinukleäre Raum (gelb), der stellenweise mit dem Lumen des rauen endoplasmatischen Reticulums (ER) in Verbindung steht. Innerhalb des Zellkerns befinden sich die Chromosomen (rot). Eine weitere Struktur im Zellkern ist der Nucleolus (blau), hier wird die ribosomale RNA synthetisiert. Daraus werden mithilfe von Proteinen aus dem Cytoplasma die Ribosomen (hellblau) hergestellt. Die Substanz, die den restlichen Zellkern ausfüllt, wird als Karyoplasma (weiß) bezeichnet.

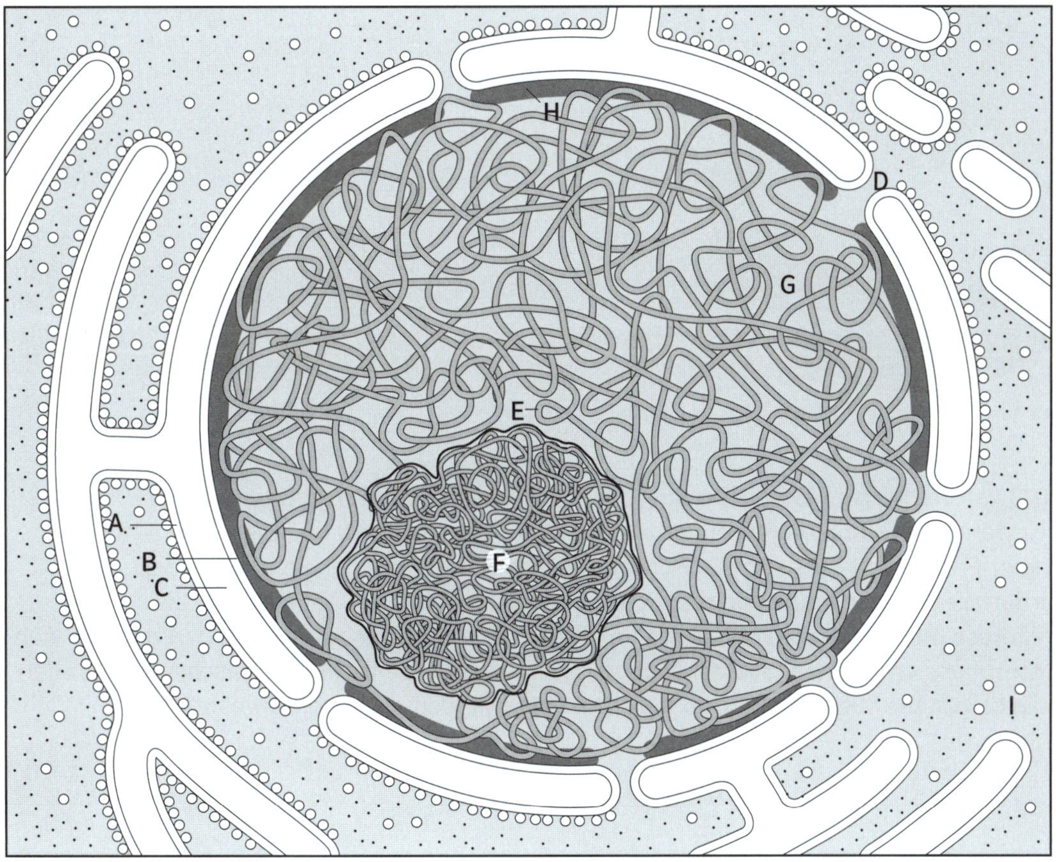

1 Strukturen des Zellkerns

Aufgaben

20/100 ○ **1** Malen Sie gemäß den Vorgaben des Textes die einzelnen Bestandteile des Zellkerns aus [B 1].

40/100 ◒ **2** Nennen Sie die jeweiligen Funktionen der einzelnen Bestandteile in tabellarischer Form.

40/100 ◒ **3** Erläutern Sie, was man unter dem Begriff der Kompartimentierung versteht.

Mitotische Katastrophen

Bei einer Zellteilung entstehen aus einer Zelle zwei Tochterzellen. Für jede Teilung müssen neben dem genetischen Material auch das Cytoplasma und die Organellen der Ursprungszelle aufgeteilt werden. Die entstandenen Tochterzellen wachsen anschließend wieder zur Größe der Ursprungszelle heran. Diese in vielen Zellen kontinuierlich ablaufenden Vorgänge werden als Zellzyklus zusammengefasst [B 1]. An bestimmten Kontrollphasen des Zellzyklus (orangene Linie, [B 1]) wird überprüft, ob die vorherigen Abläufe korrekt verlaufen sind. Der Zellzyklus wird nur fortgesetzt, wenn keine Fehler aufgetreten sind. Dies können z. B. Schäden am genetischen Material oder Störungen des Mitoseapparats sein. Kann in einer Zelle kein ausreichend langer Zellzyklusstillstand in der G2-Phase aufrechterhalten werden, beginnt die Mitose, bevor die Reparatur abgeschlossen ist. Dieser zu frühe Beginn der Mitose führt zu einer mitotischen Katastrophe und anschließend zur Apoptose.

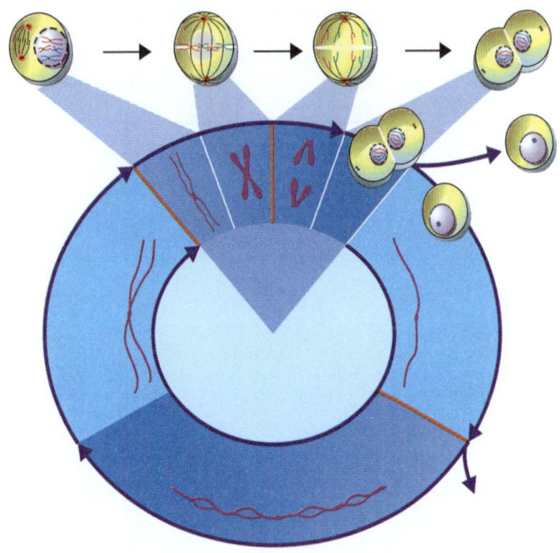

1 Zellzyklus

In einer 2013 veröffentlichten Studie haben Forschende herausgefunden, dass auch der Abbau von bestimmten centrosomalen Proteinen zu einer Apoptose führen kann. Die Folge fehlender centrosomaler Proteine ist eine von der Norm abweichende Gestalt des Spindelapparats. Zunächst wurden hierfür eine Reihe von möglichen Proteinen (Aurora A, TACC3 und PCM-1) identifiziert und diese mit Fluoreszenzfarbstoffen markiert. Anschließend wurde das Vorkommen während der Interphase und Metaphase der Mitose mithilfe fluoreszenzmikroskopischer Aufnahmen dokumentiert [B 2]. Die fluoreszierenden Bereiche sind mit weißer Farbe dargestellt.

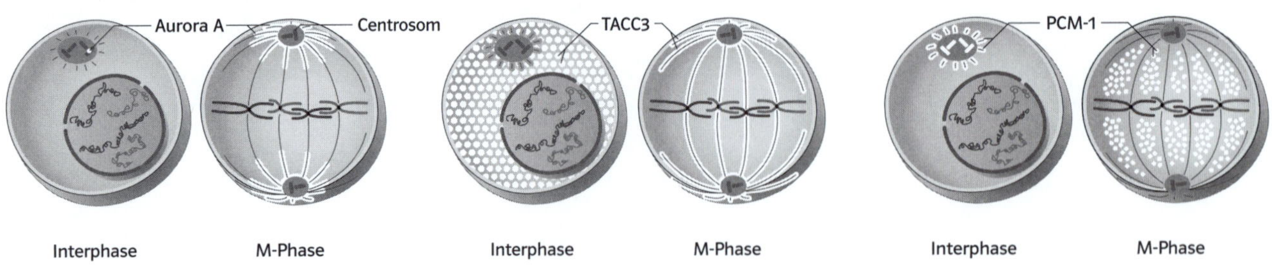

2 Vorkommen centrosomaler Proteine während der Interphase und Metaphase der Mitose

Im weiteren Verlauf der Studie wurde der Einfluss der drei Proteine auf die Ausbildung des Spindelapparats analysiert [B 3]. Eine festgelegte Anzahl von Zellen wurde hierfür jeweils so verändert, dass eins der drei Proteine in der Zelle nicht vorhanden war. Der Spindelapparat und die Chromosomen wurden nach 48h angefärbt, sodass die Anordnung unter dem Elektronenmikroskop erkennbar wurde [B 3]. Es wurde ebenfalls ermittelt, welcher prozentuale Anteil der Zellen sich in welchem Stadium des Zellzyklus befindet. Die Zellen haben unter den angegebenen Bedingungen den Zellzyklus nach 48h Stunden einmal durchlaufen und befinden sich, wie in der Kontrolle erkennbar, größtenteils in der G1-Phase.

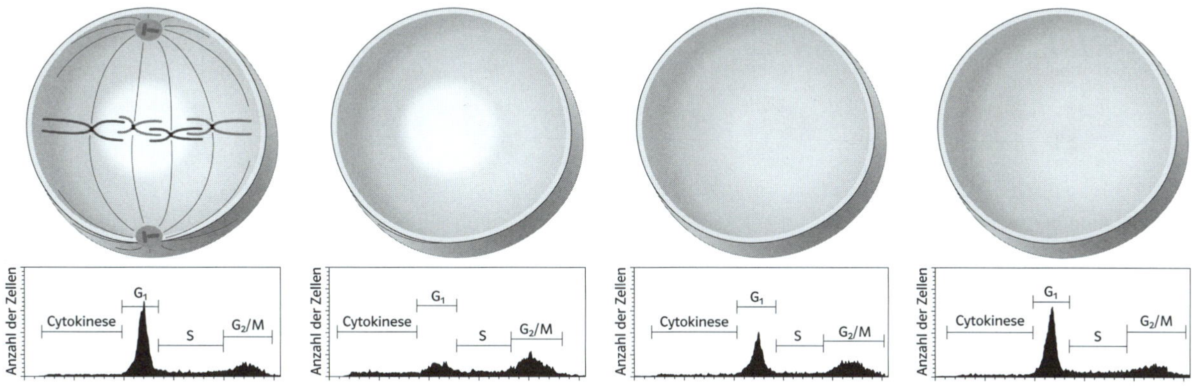

3 Auswirkung fehlender centrosomaler Proteine auf den Spindelapparat und Zellzyklus

Aufgaben

25/100 ○ **1** Beschriften Sie die den Zellzyklus in Bild 1 und beschreiben Sie die wichtigsten Vorgänge der einzelnen Phasen.

12/100 ○ **2** Beschreiben Sie das Vorkommen der drei centrosomalen Proteine (Aurora A, TACC3 und PCM-1) während der Interphase und der Metaphase [B 2].

28/100 ◒ **3** Erläutern Sie, welchen Einfluss das Ausschalten jeweils eines der drei im Material gezeigten Proteine (Aurora A, TACC 3 und PCM-1) auf die Ausbildung des Spindelapparats und den Zellzyklus hat [B 3].

15/100 ◒ **4** Skizzieren Sie die Auswirkungen auf den Spindelapparat und die daraus resultierende Anordnung der Chromosomen in Bild 3.

20/100 ● **5** Formulieren Sie für jedes der drei dargestellten Proteine eine Hypothese, inwiefern das Fehlen des Proteins eine mitotische Katastrophe mit anschließender Apoptose zur Folge hat.

Mitose vs. Meiose

Jeder erwachsene Mensch besteht aus rund 60 Billionen Zellen. Diese Zellen sind alle durch Zellteilungen (Mitose) aus einer einzigen Zelle, der Zygote, hervorgegangen. Die Zygote wiederum ist das Produkt aus der Verschmelzung eines Spermiums mit einer Eizelle. Diese beiden für die sexuelle Fortpflanzung benötigten Zelltypen werden durch Meiose gebildet. Mitose und Meiose sind daher zwei wichtige Prozesse der Zellbiologie, durch die einerseits Leben überhaupt erst entstehen kann (Meiose) und andererseits Wachstum und Entwicklung möglich ist (Mitose).

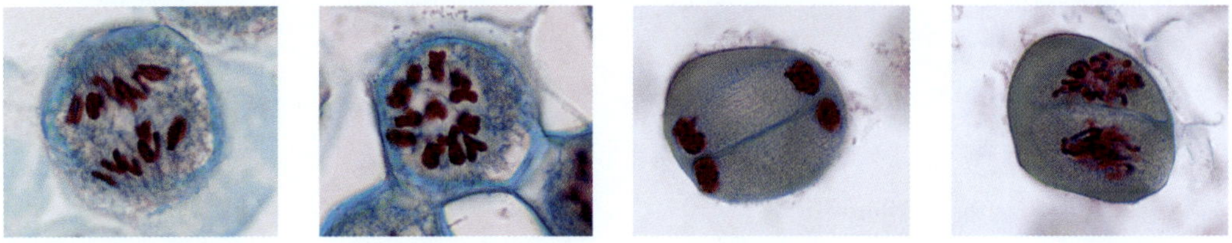

1 Phasen der Meiose

Mit einem VENN-Diagramm können die Zusammenhänge von Themen, wie z. B. Mitose und Meiose graphisch dargestellt und miteinander verglichen werden. Jeder Kreis symbolisiert ein Thema. In dem Bereich, in dem sich die beiden Kreise schneiden, werden Gemeinsamkeiten aufgelistet. Im Rest des Kreises werden Aspekte dokumentiert, die nur auf das jeweilige Thema zutreffen.

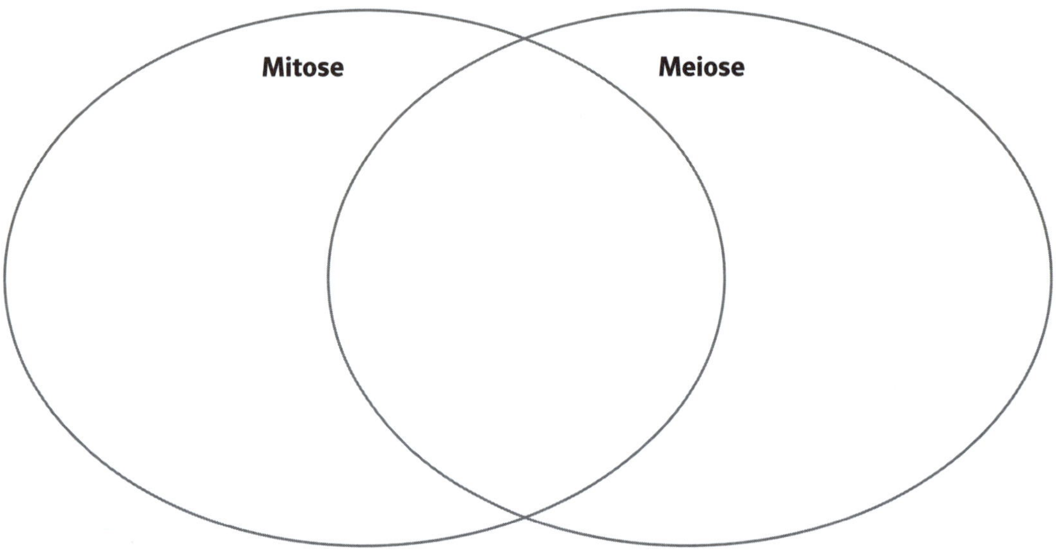

2 VENN Diagramm

Aufgaben

30/100 ○ **1** Ordnen Sie die lichtmikroskopischen Aufnahmen der Bild 1 begründet einzelnen Phasen der Meiose zu.

30/100 ○ **2** Skizzieren Sie das Endergebnis der Meiose mit drei homologen Chromosomenpaaren und machen Sie daran die durch die Meiose entstehende genetische Variabilität deutlich.

40/100 ◒ **3** Vergleichen Sie die Mitose und Meiose miteinander und tragen Sie die Unterschiede und Gemeinsamkeiten in das VENN-Diagramm ein [B 2].

Auf- und Abbau von Biomolekülen

Proteine, Kohlenhydrate und Nucleinsäuren zählen zu den Biomolekülen und entstehen durch den Zusammenschluss kleinerer Moleküle, den sogenannten Monomeren. Moleküle, die aus Monomeren zusammengesetzt sind, bezeichnet man als Polymere.

Aufgrund ihrer vielfältigen Funktionen werden Biomoleküle permanent auf- und abgebaut. Dabei finden hauptsächlich zwei Reaktionstypen statt: die Kondensations- und die Hydrolysereaktion.

Kondensationsreaktion:
Werden Monomere unter Abspaltung von Wassermolekülen zu Polymeren verbunden, so spricht man von einer Kondensationsreaktion.

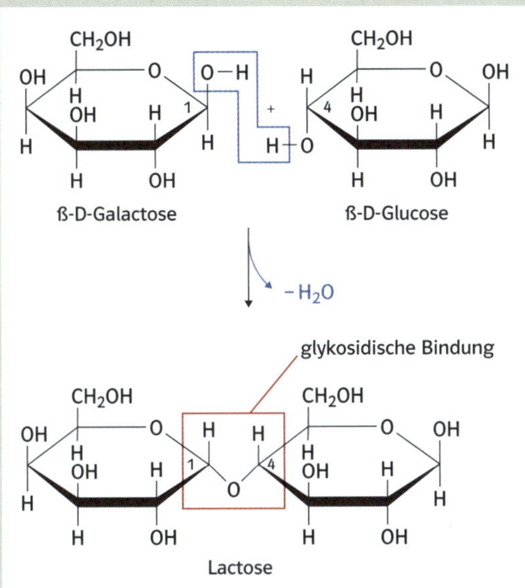

1 Bildung des Disaccharids Lactose durch Kondensation

Hydrolysereaktion:
Werden Polymere unter Anlagerung von Wassermolekülen in Monomere gespalten, so spricht man von einer Hydrolysereaktion.

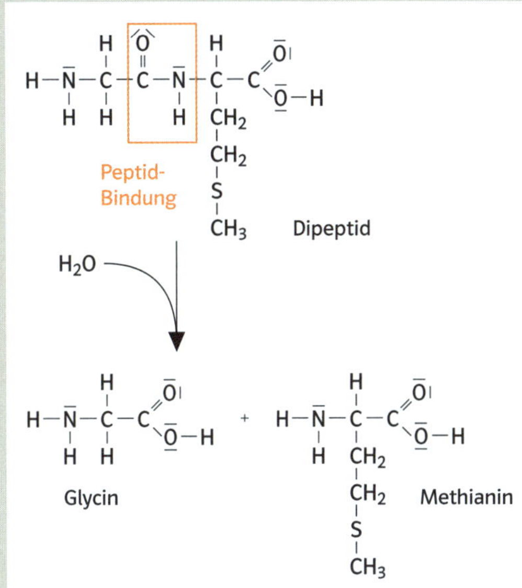

2 Hydrolyse eines Dipeptids

Aminosäuren stellen die Monomere der Peptide und Proteine dar. In einer Kondensationsreaktion werden Aminosäuren miteinander verknüpft. Dabei wird durch Reaktion der Aminogruppe der einen Aminosäure mit der Carboxygruppe der anderen Aminosäure ein Wassermolekül abgespalten und es entsteht die Peptidbindung:

3 Kondensationsreaktion zweier Aminosäuren

Die Monomere der Kohlenhydrate stellen die Monosaccharide, wie z.B. Glucose, Fructose oder Galactose, dar.

Disaccharide entstehen jeweils durch die Verbindung von zwei Monosaccharid-Molekülen. Während der Verdauung kommt es zur Spaltung von Polymeren wie Di- oder Polysacchariden. Dabei wird ein Wassermolekül an der glykosidischen Bindung angelagert:

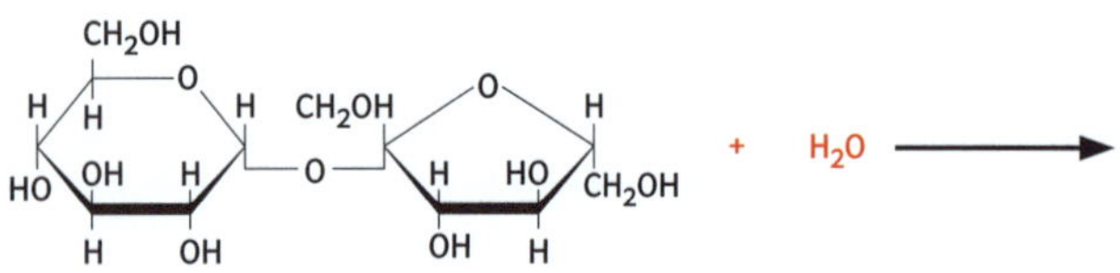

Saccharose

4 Hydrolysereaktion von Saccharose

Aufgaben

40/100 ○ **1** Beschreiben Sie die in Bild 1 und Bild 2 dargestellten Reaktionen.

40/100 ◒ **2** Vervollständigen Sie die in Bild 3 und Bild 4 dargestellten Reaktionen. Markieren Sie in Bild 3 die Peptidbindung und in Bild 4 die glykosidische Bindung.

20/100 ◒ **3** Erläutern Sie die Bedeutung von Wasser beim Abbau von Nährstoffen während der Verdauung.

Gleiches löst sich in Gleichem!

Die Löslichkeit ist eine Stoffeigenschaft, die wir gut beobachten können. Um erklären zu können, warum ein bestimmter Stoff in Wasser gut oder schlecht löslich ist, erfordert es eine Betrachtung des Stoffes auf der Teilchenebene.
Atome bilden Moleküle, indem sie untereinander Bindungen ausbilden. Jedes Atom innerhalb eines Moleküls besitzt die Fähigkeit, diese Bindung anzuziehen. Man bezeichnet diese Fähigkeit als Elektronegativität (EN) eines Atoms. Die höchste Elektronegativität hat Fluor mit 4,0. Bild 1 zeigt Elemente, die hauptsächlich in Biomolekülen vorkommen, mit ihren zugehörigen EN-Werten.

$_{1}H$ Wasserstoff 2,1	$_{6}C$ Kohlenstoff 2,5	$_{7}N$ Stickstoff 3,0
$_{8}O$ Sauerstoff 3,5	$_{15}P$ Phosphor 2,1	$_{16}S$ Schwefel 2,5

1 Elemente des Lebens (rote Zahlen: EN-Werte)

Bilden nun zwei verschiedene Atome (Bindungspartner) eine Bindung, so teilen sie sich ein bindendes Elektronenpaar. Selten befindet sich die Bindung genau in der Mitte zwischen beiden Atomen. Die Bindung rückt näher an das Atom mit der höheren EN heran. Dieses Atom erhält eine negative Teilladung. Das andere Atom erhält eine positive Teilladung, da das bindende Elektronenpaar von diesem Atom weiter entfernt ist. Die Teilladungen werden in der chemischen Strukturformel durch den griechischen Kleinbuchstaben Delta (δ) gekennzeichnet.
Im Wassermolekül entstehen so eine negative Teilladung am Sauerstoffatom und zwei positive Teilladungen an den Wasserstoffatomen. Am Sauerstoffatom befinden sich zwei nicht bindende Elektronenpaare (auch freie Elektronenpaare genannt), die den größtmöglichen Abstand zu bindenden Elektronenpaaren einnehmen. Daraus ergibt sich die gewinkelte Struktur des Wassermoleküls und somit eine Trennung der Teilladungen auf unterschiedlichen Ebenen [B 2]. Solche Moleküle bezeichnet man als Dipole.
Durch die Berechnung der Elektronegativitätsdifferenz (ΔEN) zwischen zwei Atomen einer Bindung erhält man eine Aussage über die Polarität einer Bindung. Im Wassermolekül beträgt die Elektronegativitätsdifferenz zwischen dem Sauerstoffatom und dem Wasseratom 1,4 [B 3]. Ab einer Elektronegativitätsdifferenz von 0,5 bezeichnet man die Bindung als polar [B 4]. Somit sind Wassermoleküle polare Moleküle.

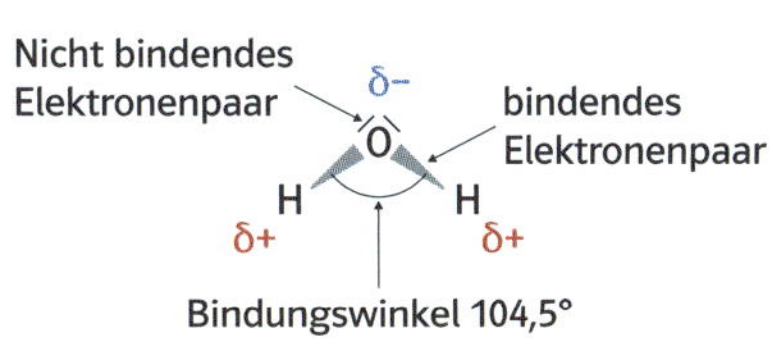

2 Teilladungen im Wassermolekül

$$EN(O) = 3{,}5$$
$$EN(H) = 2{,}1$$

$$\Delta EN(O{-}H) = EN(O) - EN(H) = 3{,}5 - 2{,}1 = \underline{1{,}4}$$

3 Berechnung der Elektronegativitätsdifferenz (ΔEN) für die Bindungen im Wassermolekül

	polar	unpolar
Elektronegativitätsdifferenz (ΔEN)	> 0,5	< 0,5
Beispiel	H_2O, CO_2	O_2

4 Bestimmung der Polarität einer Bindung anhand von ΔEN-Werten

Die Polarität der Bindungen in einem Molekül entscheidet über dessen Löslichkeitseigenschaften. Moleküle mit überwiegend polaren Bindungen im Molekül werden als polare Moleküle bezeichnet und sind gut in Wasser löslich. Man spricht auch von **hydrophilen (wasserliebenden)** bzw. **lipophoben (fettabweisenden)** Molekülen. Die Wasserlöslichkeit resultiert aus der Fähigkeit der polaren Moleküle mit Wassermolekülen Wasserstoffbrücken auszubilden.
Die Wasserstoffbrücken beruhen auf einer Anziehung zwischen Wasserstoffatomen mit positiver Teilladung und nicht bindenden Elektronenpaaren [B 5].

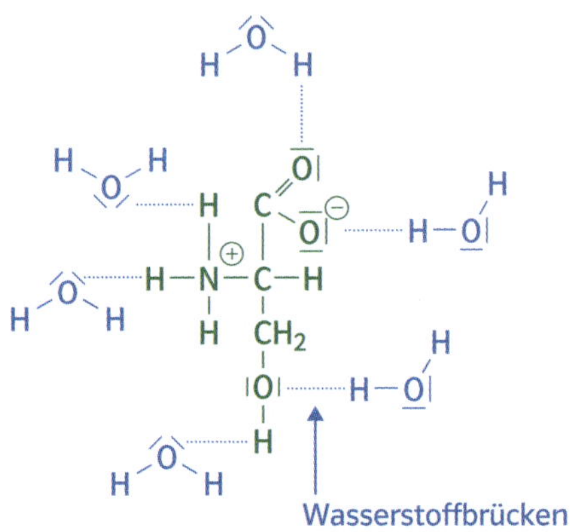

5 Wasserstoffbrücken zwischen den Molekülen einer polaren Aminosäure (Serin) und Wasser-Molekülen

Moleküle mit überwiegend unpolaren Bindungen im Molekül werden als unpolare Moleküle bezeichnet und sind z. B. in Ölen gut löslich. Man spricht auch von **lipophilen (fettliebenden)** bzw. **hydrophoben (wasserabweisenden)** Molekülen. Unpolare Moleküle können keine Wasserstoffbrücken mit Wassermolekülen ausbilden und sind somit auch nicht in Wasser löslich.

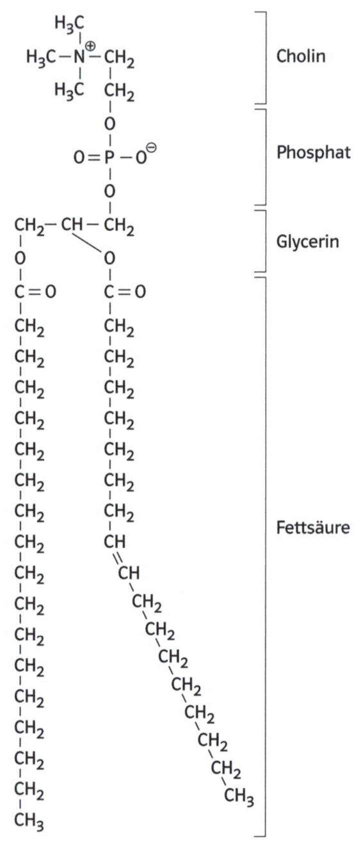

6 Glycerophospholipid-Molekül

Aufgaben

20/100 ○ **1** Definieren Sie die Begriffe hydrophil und hydrophob.

30/100 ◒ **2** Bestimmen Sie die Elektronegativitätsdifferenzen für die Bindungen im Glycerophospholipid-Molekül. Markieren Sie den polaren Molekülteil in blau und den unpolaren Molekülteil in gelb [B 6].

25/100 ◒ **3** Zeichnen Sie ein Glucose-Molekül in der Ringform und begründen Sie anhand der Bindungen im Molekül die Löslichkeitseigenschaft von Glucose.

25/100 ◒ **4** Erklären Sie die Bedeutung der Überschrift „Gleiches löst sich in Gleichem".

Zellen im Lipidkleidchen

Alle Zellen sind von einer Zellmembran umgeben. Phospholipide bilden neben den Proteinen einen wesentlichen Bestandteil von Zellmembranen. Lipide stellen eine heterogene Gruppe der Biomoleküle dar, aber alle Lipide haben gemeinsam, dass sie unpolar und somit nicht wasserlöslich sind. Phospholipid-Moleküle stellen eine Besonderheit unter den Lipiden dar, da sie zusätzlich zu dem unpolaren, wasserunlöslichen Teil einen polaren, wasserlöslichen Teil besitzen [B 1].

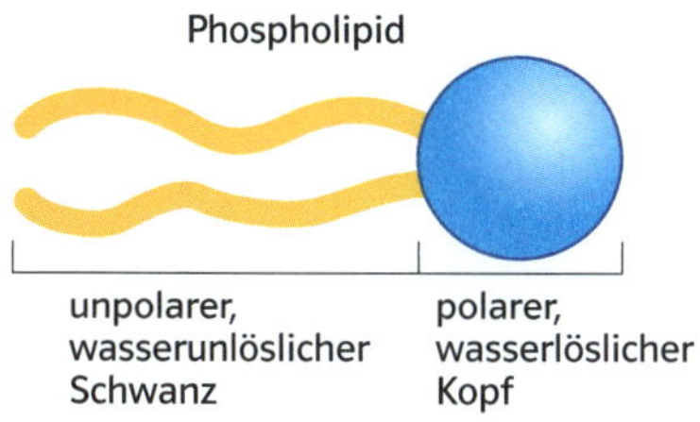

1 Phospholipid

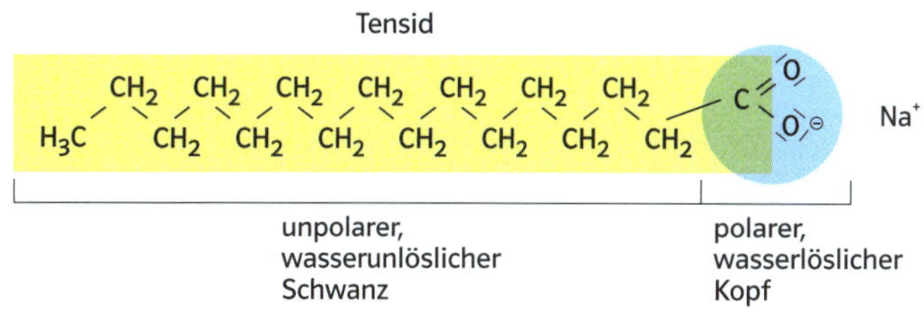

2 Tensid

Am Rotkohl kann man bestimmte Eigenschaften der Bestandteile von Biomembranen experimentell demonstrieren. Die Zellen im Rotkohlblatt haben Vakuolen, die eine Flüssigkeit mit rotviolettem Farbstoff enthalten. Sowohl die Vakuole in der Zelle als auch die Zelle selbst sind durch Biomembranen begrenzt.

Im Experiment lässt man Spülmittel auf Rotkohlblattgewebe einwirken. Beim Geschirrspülen oder beim Händewaschen werden Fette mit Spülmittel oder Handseife entfernt, indem sie gelöst und dann fortgespült werden. Heutzutage enthalten Spülmittel und Handseife Tenside [B 2]. Aufgrund ihrer molekularen Struktur können Tenside Lipide lösen.

Zur Durchführung des Versuchs wird Rotkohl in kleine Stücke geschnitten und mehrfach gründlich gewaschen. Anschließend werden die Rotkohlstücken auf zwei Gläser aufgeteilt. In jedem Glas sollte mindestens der Boden mit Rotkohlstücken bedeckt sein. In ein Glas wird zum Rotkohl Wasser und in das andere Glas zusätzlich Wasser mit Spülmittel gegeben. In ein drittes Glas wird etwas Speiseöl und Wasser mit Spülmittel gegeben. Alle Versuchsansätze werden mit einem Teelöffel vorsichtig gerührt. Nach ca. 10 Minuten kann die Beobachtung erfolgen.

Aufgaben

30/100 ◒ **1** Führen Sie den oben beschriebenen Versuch durch. Beschreiben und erklären Sie die Beobachtungen.

20/100 ◒ **2** Begründen Sie die folgenden Versuchsansätze: a) Rotkohl und Wasser b) Speiseöl und Wasser mit Spülmittel.

25/100 ● **3** Planen Sie einen Versuch (mit Versuchskontrollen) zum Nachweis der Proteine in der Zellmembran.

25/100 ● **4** Behüllte Viren, wie z. B. das Coronavirus, besitzen eine „Hülle" bestehend aus einer Phospholipiddoppelschicht und Proteinen. Diese Phospholipiddoppelschicht gleicht einer Biomembran ihrer Wirtszelle, denn behüllte Viren verlassen ihre Wirtszelle, indem die Wirtszelle das Erbgut des Virus in Membranen verpackt und abschnürt. Formulieren Sie anhand der Erkenntnisse aus dem oben beschriebenen Versuch eine Hypothese zur Wirkung des Händewaschens mit Handseife, um Infektionen mit dem Coronavirus zu vermeiden.

Auf den Spuren der Biomembran

1925 veröffentlichte Evert Gorter (1881–1954) gemeinsam mit seinem Forschungsassistenten François Grendel einen sehr kurzen Bericht von nur fünf Seiten ohne Abbildungen und mit einer kurzen Datentabelle. Dieser Artikel gilt heute als das bedeutendste Werk, das jemals über Membranen geschrieben wurde. Doch wie so oft wurden diese bahnbrechenden Erkenntnisse zum Zeitpunkt ihrer Veröffentlichung nicht beachtet und erst viele Jahre später wiederentdeckt. Gorter und Grendel waren die ersten, die den experimentellen Nachweis erbrachten, dass Membranen aus Lipiddoppelschichten bestehen.

Ihre Veröffentlichung endete mit dem Satz:
„It is clear that all our results fit in well with the supposition that the chromocytes (erythrocytes) are covered by a layer of fatty substances that is two molecules thick."

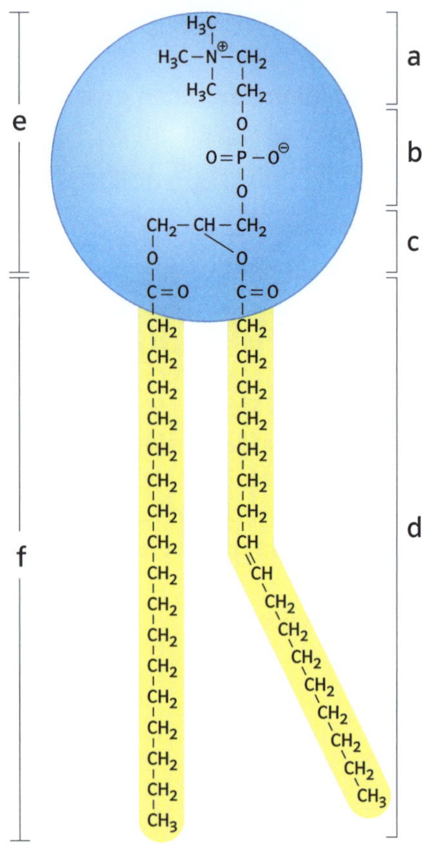

1 Phospholipid

Animal	Amount of blood used for the analysis	no. of chromocytes per mm²	Surface of one chromocyte	total surface of the chromocytes (*a*)	surface occupied by all the linoids of the chromocytes (*b*)	Factor *a*:*b*
	g		μ²	m²	m²	
Dog A	40	8.000.000	98	31,3	62	
	10	6.890.000	90	6,2	12,2	
Sheep 1	10	9.900.000	29,8	2,95	6,2	
	9	9.900.000	29,8	2,65	5,8	
Rabbit A	10	5.900.000	92,5	5,46	9,9	
	10	5.900.000	92,5	5,46	8,8	
	0,5	5.900.000	92,5	0,27	0,54	
Rabbit B	1	6.600.000	74,4	0,49	0,96	
	10	6.600.000	74,4	4,9	9,8	
	10	6.600.000	74,4	4,9	9,8	
Guinea Pig A	1	5.850.000	89,8	0,52	1,02	
	1	5.850.000	89,8	0,52	0,97	
Goat 1	1	16.500.000	20,1	0,33	0,66	
	1	16.500.000	20,1	0,33	0,69	
	10	19.300.000	17,8	3,34	6,1	
	10	19.300.000	17,8	3,34	6,8	
	1	19.300.000	17,8	0,33	0,63	
Man	1	4.740.000	99,4	0,47	0,92	
	1	4.740.000	99,4	0,47	0,89	

2 Originaldaten aus der Veröffentlichung von Gorter und Grendel (1925)

Aufgaben

15/100 ○ **1** Beschriften Sie die Bestandteile a-f des Phospholipids in Bild 1.

20/100 ○ **2** Fassen Sie die Inhalte der Tabelle [B 2] zusammen.

30/100 ◒ **3** Berechnen Sie exemplarisch für jedes der genannten Lebewesen einmal das Verhältnis der Gesamtoberfläche der Erythrocyten zum Verhältnis der von den Lipiden eingenommenen Oberfläche des Wassers [B 2].

35/100 ● **4** Nehmen Sie Stellung zur abschließenden Aussage von Gorter und Grendel und skizzieren Sie die Anordnung der Phospholipide aus dem vorgestellten Experiment auf der Wasseroberfläche.

Membranfluidität

Schon im Jahr 1978 hat ein Forschungsteam die Zusammensetzung der Membran des Seeskorpions (*Myoxocephalus scorpius*), des Blauen Wüstenfischs (*Cyprinodon macularis*) und des Goldfischs (*Carassius gibelio forma auratus*) untersucht, um herauszufinden, inwiefern die Temperatur einen Einfluss auf die Fließfähigkeit (Fluidität) der Membran hat.

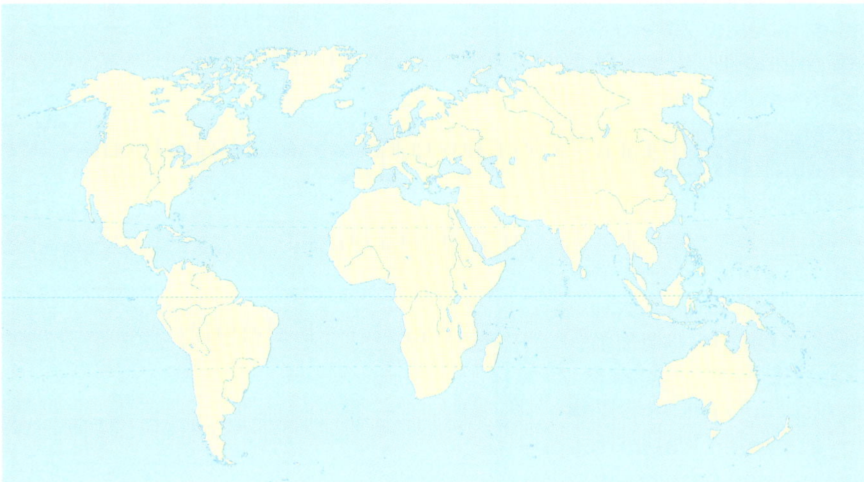

1 Weltkarte

Für die Versuchsreihe wurden die Tiere einige Tage bestimmten Temperaturen ausgesetzt [B 3]. Die Forschenden entnahmen den Tieren anschließend vergleichbare Zellen und isolierten deren Membran. Durch die Zugabe eines fluoreszierenden Farbstoffes konnte die Fluidität der Membran ermittelt werden [B 2]. Je höher die Intensität des Fluoreszenzfarbstoffes, desto weniger Bewegung in der Membran findet statt. Die Fluidität der Membran ist dann gering.

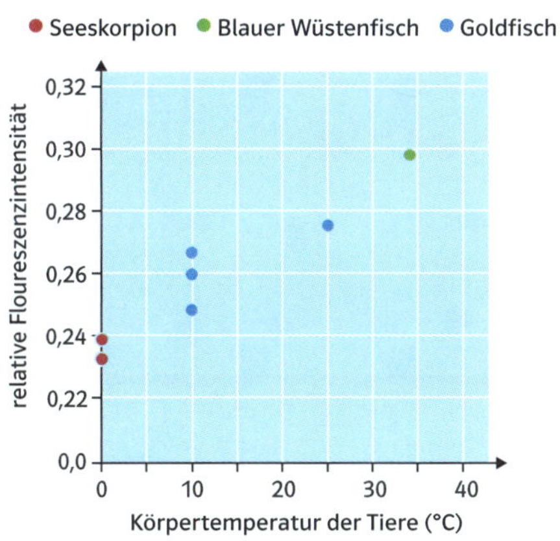

2 gemessene Membranfluidität

	Seeskorpion	Goldfisch		Blauer Wüstenfisch
ausgesetzte Temperatur	0 °C	5 °C	25 °C	34 °C
Verhältnis von gesättigten zu ungesättigten Fettsäuren in der Biomembran	0,593	0,659	0,817	0,990

3 Werte aus der Versuchsreihe

Aufgaben

25/100 ○ **1** Recherchieren Sie, welchen Lebensraum die oben genannten Fische besiedeln. Zeichnen Sie das Verbreitungsgebiet in der Weltkarte ein [B 1] und notieren Sie die jeweils üblichen Temperaturen.

30/100 ◒ **2** Beschreiben Sie die Fluoreszenzintensität der Membran der verschiedenen Fisch-Arten und ziehen Sie Rückschlüsse auf die Membranfluidität.

45/100 ● **3** Deuten Sie die in Bild 3 dargestellten Ergebnisse und stellen Sie mithilfe von Bild 2 und 3 eine Hypothese auf, welches Verhältnis der Fettsäuren bei einer Ratte (Körpertemperatur 37 °C) zu erwarten wäre. Zeichnen Sie die zu erwartende Fluoreszenzintensität in Bild 2 ein.

Robert Brown und seine Entdeckung

Teilchen in einer Flüssigkeit sind ständig in Bewegung. Diese Bewegung konnte der Botaniker Robert Brown (1773–1858) schon im Jahre 1827 erstmals beobachten, als er Blütenpollen auf einem Wassertropfen unter dem Mikroskop betrachtete. Die Pollen bewegten sich zufällig mit einer Zitterbewegung in alle möglichen Richtungen. Dieses Phänomen wurde nach Robert Brown als Brown'sche Molekularbewegung bezeichnet. Ausgelöst wird die Bewegung der Blütenpollen durch die ständige Bewegung der Wassermoleküle, die die Pollen dabei von allen Seiten anstoßen. Die Bewegung der Wassermoleküle ist dabei zufällig und ungerichtet. Durch den Zusammenstoß von Molekülen verändern diese ihre Richtung, was in einer schon von Brown beobachtbaren Zickzack-Bewegung resultiert. Infolgedessen verteilen sich die Blütenpollen mit der Zeit gleichmäßig im gesamten Wassertropfen. Dieser Prozess wird als Diffusion bezeichnet. Die Geschwindigkeit der Moleküle hängt von ihrer Größe, dem Medium (z. B. Wasser), das sie umgibt und der Temperatur ab.

1 Möglicher Post von Robert Brown

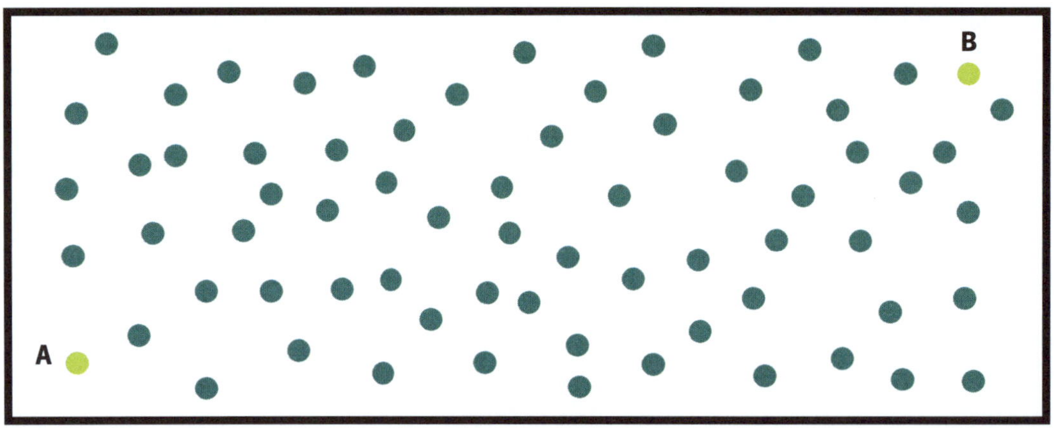

2 Bewegung eines Blütenpollens (Brown'sche Molekularbewegung)

Aufgaben

25/100 **1** Fassen Sie die wichtigsten Aspekte der Diffusion zusammen. Erstellen Sie hierfür einen kurzen Post für die sozialen Medien, bestehend aus einer Skizze, einem kurzen Text und Schlagworten (Hashtags), den der Wissenschaftler Robert Brown verfasst haben könnte [B 1].

10/100 **2** Skizzieren Sie einen möglichen Weg eines Blütenpollens in Bild 2 vom Ausgangspunkt A bis zum Endpunkt B.

15/100 **3** Nennen und begründen Sie Faktoren, von denen die Geschwindigkeit der Molekülbewegung abhängen könnte.

50/100 **4** Planen Sie ein konkretes Experiment, mit dem sich einer der von Ihnen genannten Faktoren aus Aufgabe 3 überprüfen lässt.

Zuckriges Wasser

Bei Diffusion und Osmose handelt es sich um molekularbiologische Vorgänge, die nur in Ausnahmefällen für das bloße Auge sichtbar sind. Die Entwicklung einer bildhaften Vorstellung kann dabei helfen, die Abläufe und Zusammenhänge besser zu verstehen. Hierbei kann jedoch die Komplexität des zu betrachtenden biologischen Vorgangs nicht abgebildet werden. Es handelt sich daher immer um ein vereinfachtes Modell. Mithilfe des im Folgenden beschriebenen Experimentes können die bei der Diffusion und Osmose stattfindenden Transportvorgänge mit Haushaltsgegenständen veranschaulicht werden.

Material
2 durchsichtige Schälchen oder Trinkgläser, Butterbrotpapier, (kaltes) Leitungswasser, Zucker, Teelöffel

Durchführung
Beide Schälchen/Gläser werden nebeneinander auf den Arbeitsplatz gestellt. Achtung: Die Schälchen dürfen anschließend nicht mehr bewegt werden. Daher ist auf ausreichend Platz für Arbeitsmaterial und Heft zu achten.
Das erste Schälchen/Glas wird bis knapp unten den Rand mit Leitungswasser gefüllt. Anschließend wird ein gestrichener Teelöffel Zucker dazu gegeben. Das zweite Schälchen/Glas wird ebenfalls bis fast zum Rand mit Leitungswasser gefüllt. Nun kann das Butterbrotpapier jeweils über die zwei Schälchen/Gläser gelegt werden. Das Butterbrotpapier soll jeweils die Wasseroberfläche berühren. Ein gestrichener Teelöffel Zucker wird auf das Butterbrotpapier des zweiten Schälchens gegeben.

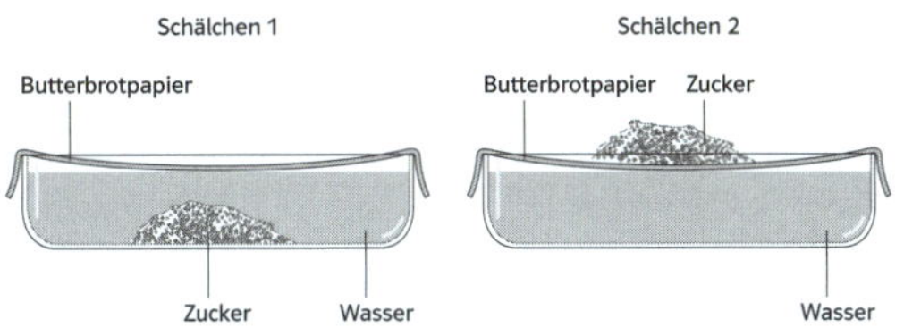

1 Versuchsaufbau zur Osmose

Hinweis
Butterbrotpapier ist ein holzfreies, fettundurchlässiges Material und kann somit als Modell für eine Phospholipidmembran eingesetzt werden.

Aufgaben

10/100 ○ **1** Formulieren Sie eine Hypothese, was Sie unter dem Aspekt der Diffusion bzw. Osmose zu beobachten erwarten.

30/100 ◒ **2** Führen Sie den oben beschrieben Versuch durch und dokumentieren Sie den Ausgangszustand sowie den Zustand nach 10 und 30 Minuten mithilfe Ihres Smartphones.

20/100 ◒ **3** Beschreiben Sie Ihre Beobachtungen und erläutern Sie das Versuchsergebnis.

40/100 ● **4** Entwickeln Sie ein Negativ-Kontrollexperiment (Experiment, bei dem das beobachtete Phänomen nicht auftreten soll, um sicherzustellen, dass die vorhergehenden Versuchsergebnisse durch die veränderten Variablen verursacht wurden) für den vorgestellten Modellversuch und führen Sie diesen ebenfalls durch.

Teebeutel-Versuch

Bei dem Teebeutel-Versuch handelt es sich nicht um ein Experiment im klassischen Sinne, sondern um ein Phänomen, das einem vermutlich schon häufiger im Alltag begegnet ist. Der Versuch kann ohne größeren Aufwand zu Hause durchgeführt werden.

1 Teebeutel

Material
- Teebeutel (vorzugsweise Früchtetee)
- warmes Wasser
- durchsichtiges Gefäß (Trinkglas)
- Stopp-Uhr
- Handy

Durchführung
Das durchsichtige Gefäß wird zu 2/3 mit warmem Wasser gefüllt. Der Teebeutel wird anschließend in das durchsichtige Gefäß gegeben. Das Glas darf weder bewegt noch der Inhalt umgerührt werden.

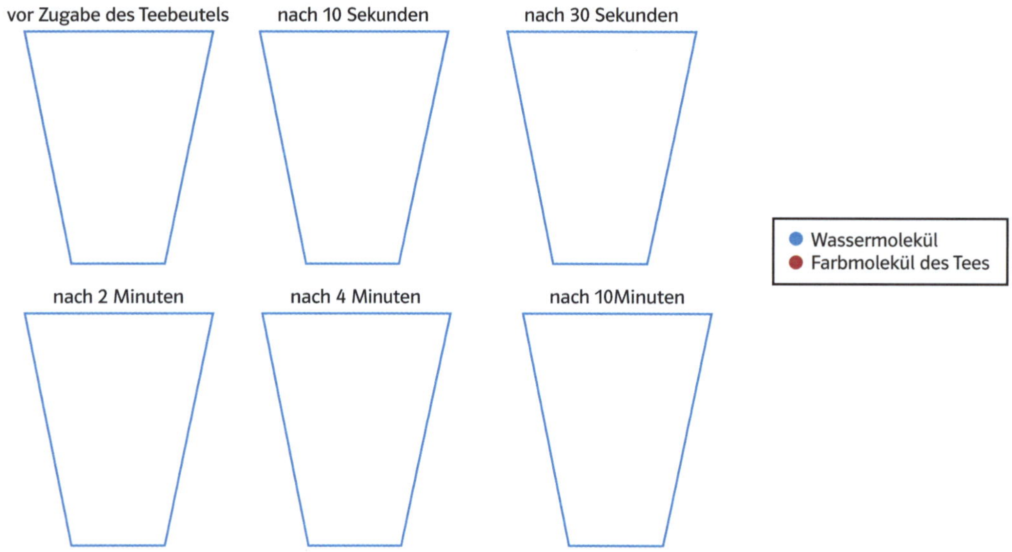

2 Modell des Teebeutel-Versuchs

Aufgaben

15/100 ○ **1** Führen Sie den oben vorgestellten Teebeutel-Versuch durch und dokumentieren Sie die Beobachtungen innerhalb von 10 Minuten in Form einer Bildergeschichte. Fotografieren Sie hierfür den Teebeutel-Versuch nach 10, 20, 30 und anschließend alle 60 Sekunden.

25/100 ○ **2** Beschreiben Sie ihre Beobachtungen des Teebeutel-Versuches im Detail.

18/100 ◒ **3** Fertigen Sie für jedes zweite aufgenommene Foto eine Skizze an, auf der die Verteilung der Moleküle (blau = Wasser, rot = Tee) als Modell dargestellt sind [B 2].

15/100 ◒ **4** Formulieren Sie eine Hypothese, die die Verteilung der Farbpigmente im Wasser auf molekularer Ebene beschreibt.

27/100 ◒ **5** Beurteilen Sie die Vorteile und Grenzen des skizzierten Modells.

Plasmolyse bei Zwiebelzellen

Seit dem 17. Jahrhundert ist die Lichtmikroskopie ein wichtiges Werkzeug bei der Gewinnung neuer Erkenntnisse in der Biologie. Im Jahr 1655 entdeckte der englische Forscher Robert Hooke (1635–1703) die zelluläre Struktur von Kork. Das von ihm damals verwendete Mikroskop ähnelt nur noch im Entferntesten den bis heute immer weiterentwickelten Lichtmikroskopen.

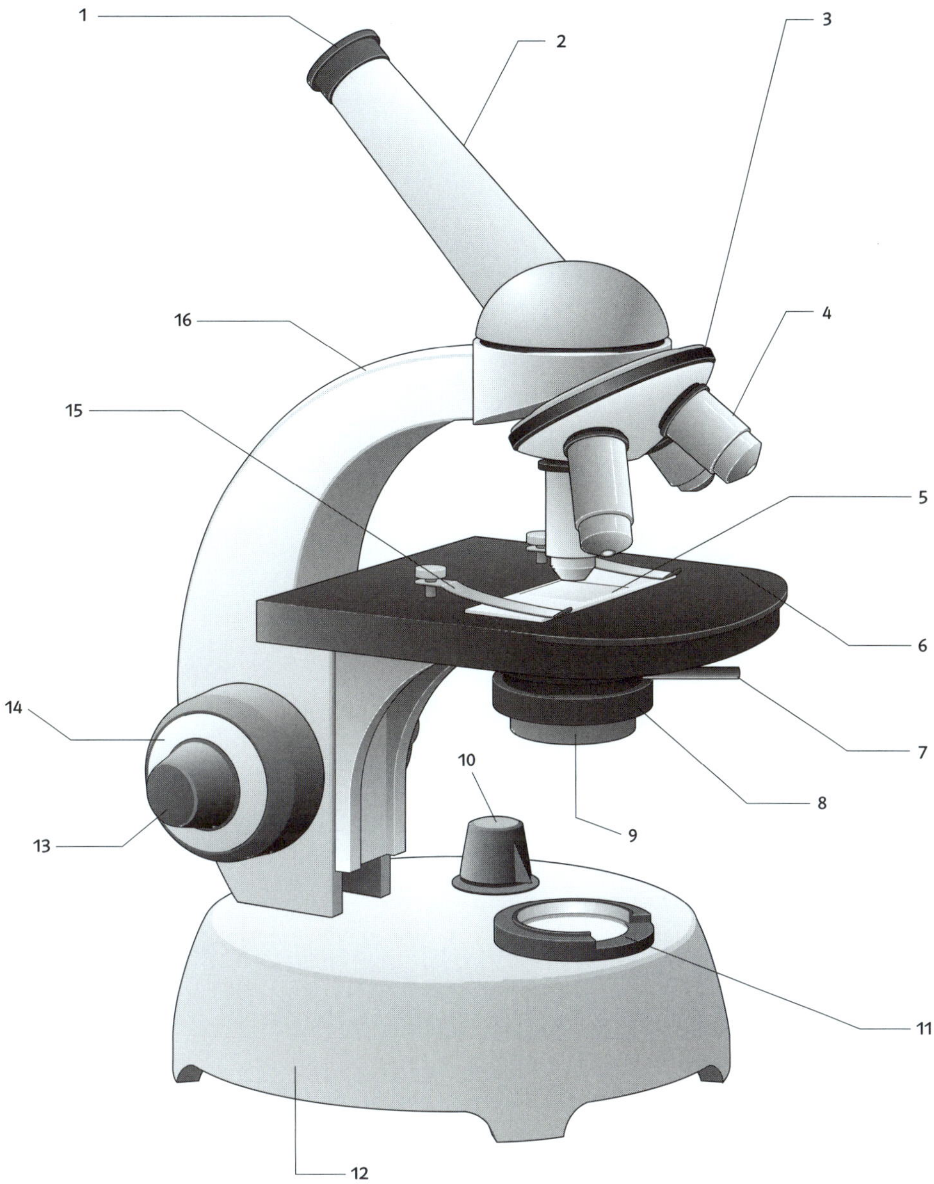

1 Lichtmikroskop

Die Diffusion eines Lösungsmittels durch eine selektiv permeable Membran wird als Osmose bezeichnet. Der Einfluss des Außenmediums auf die Pflanzenzellen und die damit verbundene Veränderung im Zellinneren lassen sich gut unter dem Lichtmikroskop beobachten. Ein geeignetes Präparat hierfür ist das Zwiebelhäutchen einer roten Zwiebel. Die Beobachtungen unter verschiedenen Bedingungen des Außenmediums sind in Bild 2 dargestellt. Dieser Vorgang wird als Plasmolyse und Deplasmolyse bezeichnet.

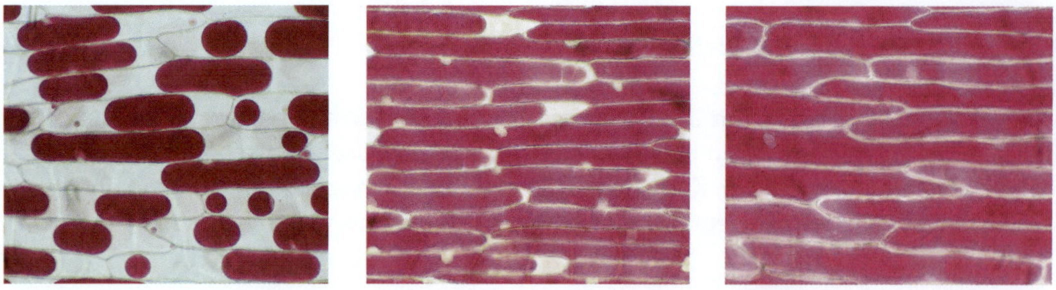

2 Verhalten von Zwiebelzellen bei unterschiedlichen Bedingungen des Außenmediums (a: hypertonisch, b: isotonisch, c: hypotonisch)

3 Skizze zur Verteilung der beteiligten Teilchen bei der Plasmolyse/Deplasmolyse

4 Rote Blutzellen in unterschiedlichen Außenmedien

Aufgaben

30/100 ○ **1** Beschriften Sie alle Bestandteile des Lichtmikroskops und beschreiben Sie deren Funktion in tabellarischer Form.

15/100 ○ **2** Beschreiben Sie die Vorgehensweise zur Herstellung eines Zwiebelhäutchen-Präparats.

15/100 ◒ **3** Nennen Sie die Materialien, die zum Mikroskopieren der Plasmolyse und Deplasmolyse eines Zwiebelhäutchens benötigen werden und erläutern Sie ihre Vorgehensweise beim Mikroskopieren.

20/100 ◒ **4** Skizzieren Sie die Verteilung der beteiligten Teilchen der in Bild 2 dargestellten Zustände in Bild 3, indem Sie exemplarisch eine Zwiebelzelle skizzieren. Kennzeichnen Sie in ihrer Skizze den Ein- und Ausstrom der Wassermoleküle mithilfe von Pfeilen. (Je dicker der Pfeil, desto mehr Ein- bzw. Ausstrom findet statt.)

20/100 ● **5** Erläutern Sie, wie sich Rote Blutzellen in Abhängigkeit vom Außenmedium (hyperton, isoton, hypoton) verhalten würden und veranschaulichen Sie dies mithilfe einer Skizze [B 4].

Angeborene Kugelzellanämie

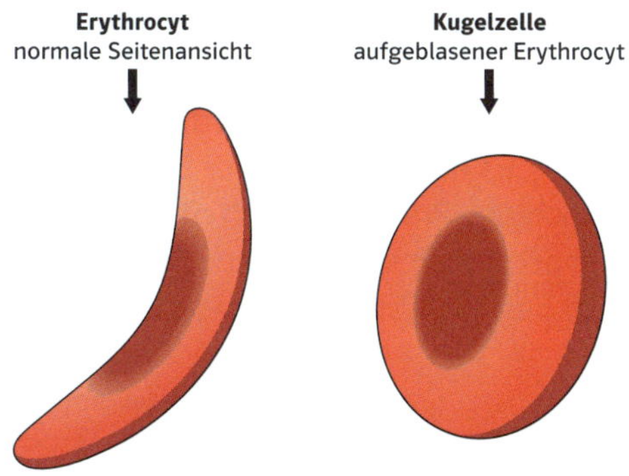

1 Gesunder Erythrocyt (links) Kugelzelle (rechts)

Die Erythrocyten (Rote Blutzellen) eines gesunden Menschen sind kernlos, rund und bikonkav. Aufgrund der Kernlosigkeit und ihrer bikonkaven Form sind Erythrocyten flexibel verformbar. Das ermöglicht ihnen die Passage durch die kleinsten Blutgefäße des menschlichen Körpers. Die Biomembran der Erythrocyten ist mithilfe von Transmembranproteinen (oder integralen Proteinen) fest mit dem Cytoskelett verbunden. Bei genetisch bedingtem Mangel dieser Transmembranproteine kommt es zu einem Verlust von Biomembranabschnitten. So entstehen kleinere Rote Blutzellen mit einer kugeligen Form [B 1], da eine geringere Fläche an Biomembranmolekülen zur Verfügung steht, um das gesamte Volumen des Cytoplasmas zu umfassen. Man bezeichnet diese Zellen aufgrund ihres Aussehens als Kugelzellen. Zudem ist die Biomembran einer Kugelzelle deutlich durchlässiger für Wassermoleküle als die Biomembran eines gesunden Erythrocyten.

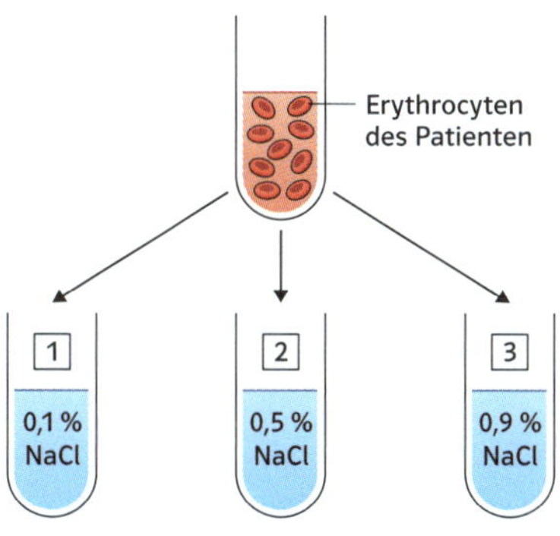

2 Laboruntersuchung zur Diagnose der Kugelzellanämie

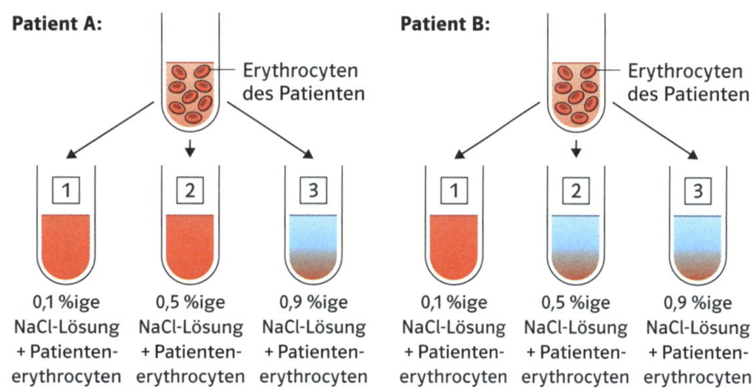

3 Untersuchungsreihe von Patient A und B

Zur Diagnose der Kugelzellanämie bedient man sich einer klassischen Laboruntersuchung. Die Erythrocyten des Patienten werden mit isotoner Natriumchlorid-Lösung (0,9 %ige NaCl-Lösung) und mit deutlich niedriger konzentrierten Natriumchlorid-Lösungen (0,5 und 0,1 %ige NaCl-Lösung) für 24 Stunden versetzt [B 2]. Intakte Erythrocyten sinken aufgrund der höheren Dichte zu Boden. Im Überstand ist die farblose und klare Natriumchlorid-Lösung zu sehen. Erythrocyten, die platzen und zugrunde gehen, erzeugen eine transparente, rot leuchtende Lösung, da der rote Blutfarbstoff, das Hämoglobin, freigesetzt wird. Das Platzen der Erythrocyten bezeichnet man als Hämolyse. Die dabei entstehenden, kleinen Membranreste sinken zu Boden und sind kaum zu sehen. Die Erythrocyten eines gesunden Menschen beginnen erst unter 0,5 % Natriumchlorid-Konzentration zu hämolysieren.

Aufgaben

5/100 ○ **1** Definieren Sie den Begriff der Osmose.

70/100 ◒ **2** Beschreiben und erklären Sie die Laborergebnisse für Patient A und B [B 3].

15/100 ◒ **3** Um die physiologischen Eigenschaften der Kugelzellen zu beschreiben, spricht man von einer herabgesetzten osmotischen Resistenz. Begründen Sie.

10/100 ◒ **4** Erklären Sie anhand einer Skizze die morphologische Veränderung der Erythrocyten, wenn man diese mit einer 2 %igen Natriumchlorid-Lösung versetzt.

Erythrocyten brauchen Glucose

Erythrocyten besitzen keinen Zellkern oder Zellorganellen. Sie erhalten ihre Energie durch Glucoseabbau. Die Aufnahme von Glucose ist jedoch aufgrund der Molekülgröße allein über die Lipiddoppelschicht der Membran nicht möglich. Glucosemoleküle können nur durch spezifische Transportproteine, sogenannte Carrier, die Zellmembran durchqueren. Es handelt sich hier um Proteine mit einer Bindungsstelle für z.B. Glucosemoleküle (Schlüssel-Schloss-Prinzip). Durch die Bindung des Moleküls verändert sich die räumliche Struktur des Transportproteins. Diese räumliche Veränderung bewirkt, dass das Glucosemolekül auf die andere Seite der Membran gelangen kann.

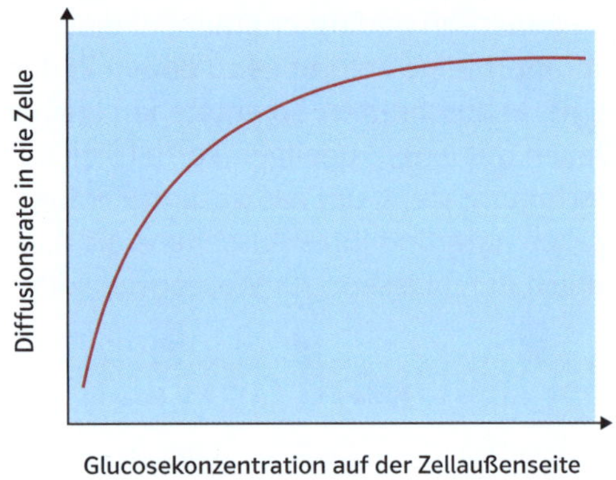

1 Diffusionsrate in Abhängigkeit Glucosekonzentration

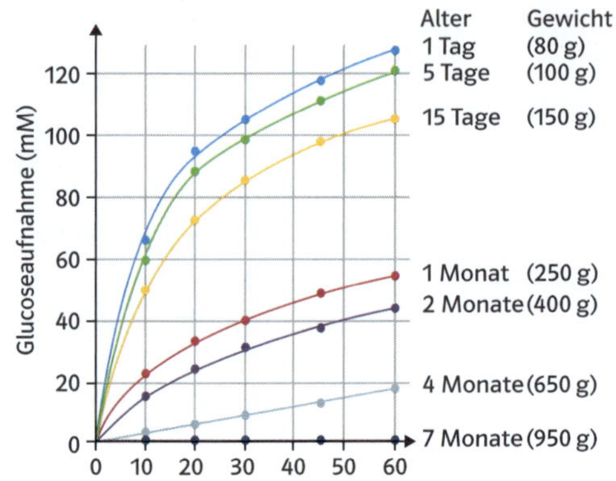

2 zusammengefasste Daten des Experimentes

Inkubationszeit			
0			
10			
20			
30			
40			
50			
60			

3 Tabellarische Darstellung der Daten

Die beiden Wissenschaftler Takahito Kondo und Ernest Beutler haben 1980 in einer Studie an Meerschweinchen ermittelt, wie sich die Aufnahme von Glucose in den Erythrocyten im Laufe des Alters verändert. Hierfür entnahmen die Wissenschaftler den Tieren Blut und gaben dieses in eine Lösung mit radioaktiv markierten Glucosemolekülen. Anschließend wurde in bestimmten Zeitintervallen die Konzentration an radioaktiver Glucose im Inneren der Erythrocyten gemessen [B 2].

Aufgaben

20/100 ◒ **1** Skizzieren Sie den Transport eines Glucosemoleküls durch die Zellmembran aus dem extrazellulären Raum in einen Erythrocyten in Form einer Bildergeschichte.

25/100 ◒ **2** Erklären Sie den Kurvenverlauf in Bild 1.

25/100 ○ **3** Übertragen Sie die Daten der Tiere (1 Tag, 1 Monat und 4 Monate) aus Bild 2 in die Tabelle [B 3].

30/100 ● **4** Stellen Sie Vermutungen auf, wie sich die der Unterschied der Daten in Bild 2 erklären lässt und beschreiben Sie ein geeignetes Experiment, mit der sich eine der Vermutungen überprüfen lässt.

KaWa zur Zellbiologie

Ein sogenanntes „KaWa" ist eine **k**reativ-**a**naloge **W**ort-**A**ssoziation. Diese Methode wurde von der deutschen Autorin Vera F. Birkenbihl (1946–2011) entwickelt. Ziel ist es, für jeden Buchstaben Begriffe zu sammeln, die einem zum vorgegebenen Thema einfallen. Die Schwierigkeit dabei ist, dass die Begriffe jeweils mit einem der Buchstaben des gewählten Oberbegriffs, in diesem Fall Zellbiologie, beginnen müssen. Die gesammelten Begriffe können wiederum miteinander verbunden, wie in einer Mind- oder Concept-Map und durch Zeichnungen oder Farben ergänzt werden. Auf die Weise werden Zusammenhänge bildlich dargestellt und Wissen vernetzt, sodass ein Überblick entsteht, der beim Lernen helfen kann.

Zellbiologie

Aufgaben

55/100 **1** Erstellen Sie ein KaWa zum Thema Zellbiologie, indem Sie zu jedem Buchstaben weitere zum Thema passende Begriffe ergänzen.

45/100 **2** Wählen Sie sich zwei Begriffe pro Buchstaben aus und definieren Sie diese.

Osmoregulation der Lachse im Süß- und Salzwasser

Lachse werden in der Quellregion von Flüssen geboren. Dort verweilen sie für einige Zeit und wachsen heran. Nach einem bis mehreren Jahren schwimmen sie den Fluss abwärts, bis sie schließlich im Meer ankommen. Im Meer durchlaufen sie eine weitere Wachstumsphase, bis sie sich erneut auf den Weg zu ihren Geburtsstätten machen. Dazu schwimmen sie den Fluss, in dem sie geboren wurden, stromaufwärts. Angekommen an ihrem Geburtsort laichen die Lachse und sterben.
In ihrem Lebenszyklus durchlaufen Lachse Phasen im Süß- und im Salzwasser. In beiden Umgebungen müssen sie unterschiedliche osmotische Herausforderungen bewältigen. Daran sind unter anderem Chloridzellen in den Kiemen der Lachse beteiligt.

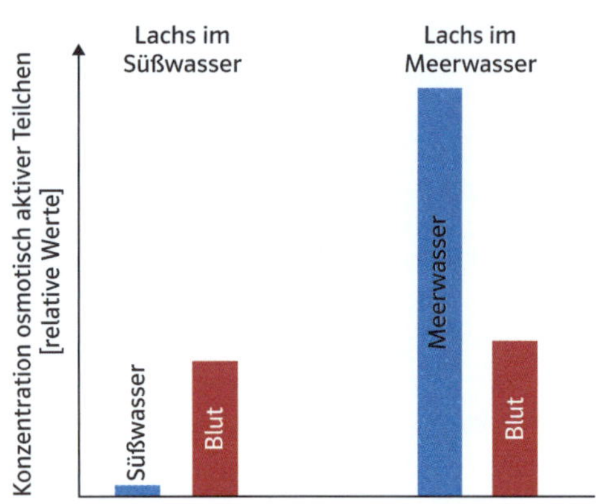

1 Osmolalität im Blut der Lachse und in deren Umgebung

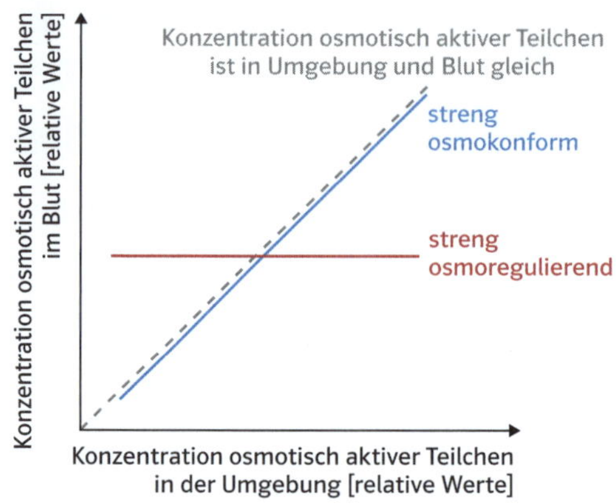

2 Osmoregulierer und Osmokonformer

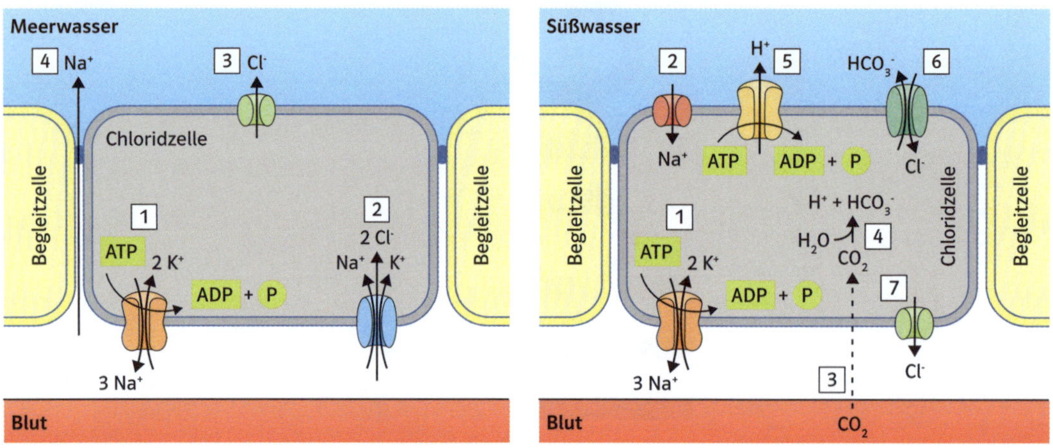

3 Osmoregulation im Meerwasser und im Süßwasser

Aufgaben

18/100 ○ **1** Erläutern Sie die osmotischen Auswirkungen hypertonen Meerwassers bzw. hypotonen Süßwassers auf die Zellen der Lachse.

18/100 ◒ **2** Lachse gehören zu den streng osmoregulierenden Tieren. Erläutern Sie anhand von Bild 1 und 2 den Einfluss der Konzentration osmotisch aktiver Teilchen in der Umgebung auf streng osmoregulierende und streng osmokonforme Organismen.

64/100 ● **3** Erklären Sie anhand von Bild 3 die osmoregulatorischen Vorgänge an den Chloridzellen der Kiemen von Lachsen im Süß- und im Meerwasser.

Die Macht der Primärstruktur

Keine andere Stoffklasse hat so viele verschiedene Funktionen in Lebewesen wie die Proteine. Die meisten Proteine sind zwischen 50 bis 600 Aminosäuren lang. Für die Synthese werden 20 verschiedene Aminosäuren genutzt. Aminosäuren sind über Peptidbindungen miteinander verknüpft. Hieraus ergibt sich die Primärstruktur eines Proteins [B 2].

1 Struktur von Glycin

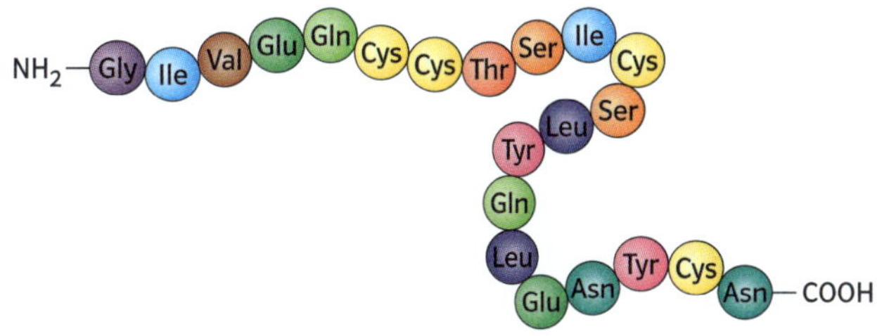

2 Primärstruktur eines Proteins

3 Strukturformel des Tripeptids

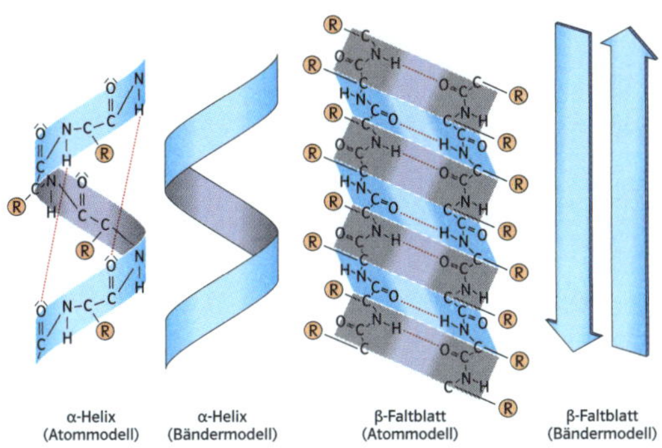

4 Sekundärstruktur

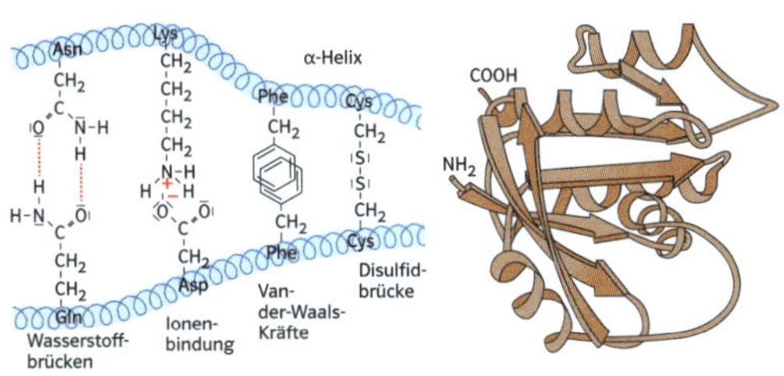

5 Tertiärstruktur

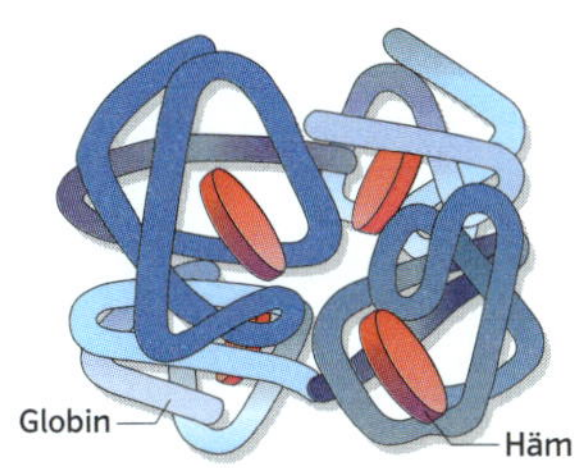

6 Quartärstruktur

Ausgehend von der Primärstruktur können Proteine sich spontan falten und ihre korrekte, funktionelle dreidimensionale Gestalt annehmen. Eine Forschergruppe hat im Jahr 1961 herausgefunden, dass die Primärstruktur entscheidend ist für die Faltung des Proteins. Hierfür wurde ein Protein (Ribonuclease A) mithilfe von Chemikalien denaturiert, sodass lediglich die Primärstruktur erhalten blieb. Entfernte man die Chemikalien wieder, stellte sich die dreidimensionale Struktur des Proteins von alleine wieder her. Die Funktionalität des Proteins war somit wieder hergestellt.

In einem zweiten Schritt wollten die Forschenden herausfinden, wie die Reihenfolge von Aminosäuren in der Primärstruktur die Raumstruktur des gefalteten Proteins Ribonuclease A bestimmt [B 7]. Diese definierte gefaltete Proteinstruktur wird auch als native Proteinstruktur bezeichnet. Die Forschenden fanden heraus, dass Disulfidbrücken eine entscheidende Rolle bei der Entstehung der nativen Proteinstruktur spielen. Um den Einfluss von Disulfidbrücken ermitteln zu können, wurden diese im Experiment aufgebrochen. Die Proteine lagen somit in ihrer denaturierten Struktur vor. Anschließend wurde in einem Zeitraum von 700 Minuten die Menge an neu ausgebildeten Disulfidbrücken gemessen und die Enzymaktivität bestimmt [B 7]. Diese wieder hergestellten Proteinstruktur wird auch als renaturierte Proteinstruktur bezeichnet.

Zusätzlich wurde die Veränderung der Raumstruktur sichtbar gemacht. Bestrahlt man ein Protein mit UV-Licht (unterschiedliche Wellenlängen), kann man die vom Protein absorbierte Energie (E) in Abhängigkeit von der Wellenlänge bestimmen [B 7].

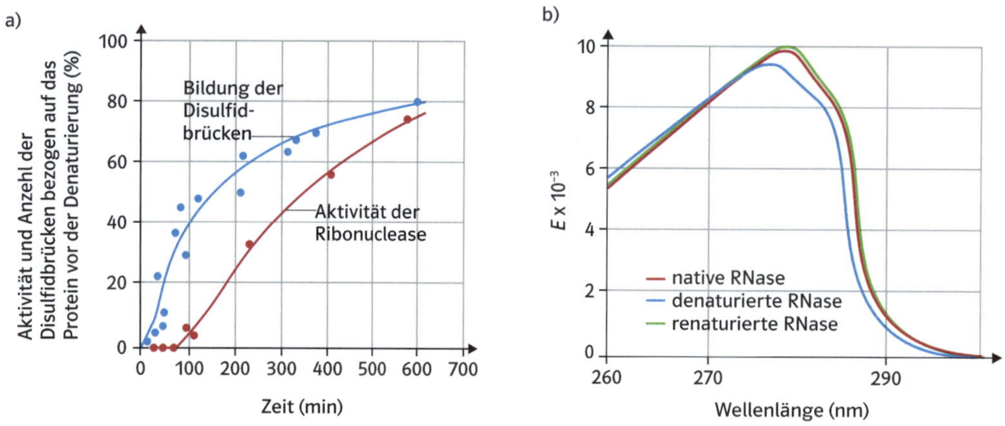

7 Ergebnisse des Experimentes

Aufgaben

7/100 ○ **1** Skizzieren Sie die Struktur der α-Aminosäure Glycin in Bild 1 und beschriften Sie die einzelnen Bestandteile.

15/100 ○ **2** Stellen Sie die drei Aminosäuren Gln-Leu-Glu der Primärstruktur als Strukturformel dar und markieren Sie die Peptidgruppen [B 3].

15/100 ○ **3** Beschreiben Sie ausgehend von der Primärstruktur die vier Ebenen der Proteinstruktur.

15/100 ◒ **4** Recherchieren Sie die Anzahl der Aminosäuren, Anzahl und Lage der Cysteinreste sowie der ausgebildeten Disulfidbrücken des humanen Proteins Ribonuclease A.

15/100 ◒ **5** Fassen Sie die Ergebnisse des Experimentes zusammen [B 7].

13/100 ◒ **6** Erläutern Sie, welche Rolle Disulfidbrücken zwischen den Cysteinresten für die Raumstruktur des Proteins Ribonuclease A spielen.

20/100 ● **7** Stellen Sie eine Hypothese auf, warum die Anzahl der neu gebildeten Disulfidbrücken nur noch 80 % im Vergleich zur Anzahl vor der Denaturierung beträgt.

Klassifizierung und Nomenklatur der Enzyme

Um die Vielzahl der in Organismen vorkommenden Enzyme ordnen und eindeutig identifizieren zu können, gibt es eine international einheitliche Einteilung in Enzymklassen. Für einige Enzyme wird heute noch der (veraltete) Trivialname verwendet, es gibt jedoch für die Benennung einheitliche und allgemeingültige Regelungen.

Enzymklasse	katalysierter Reaktionstyp	Skizze
		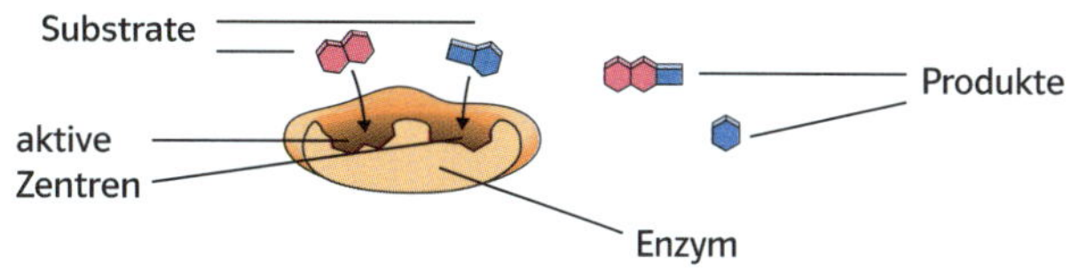
	Spaltung des Substrats durch die Reaktion mit Wasser (Hydrolyse)	
Lyase		
	Umlagerungen innerhalb von Molekülen unter Beibehaltung der Summenformel	
		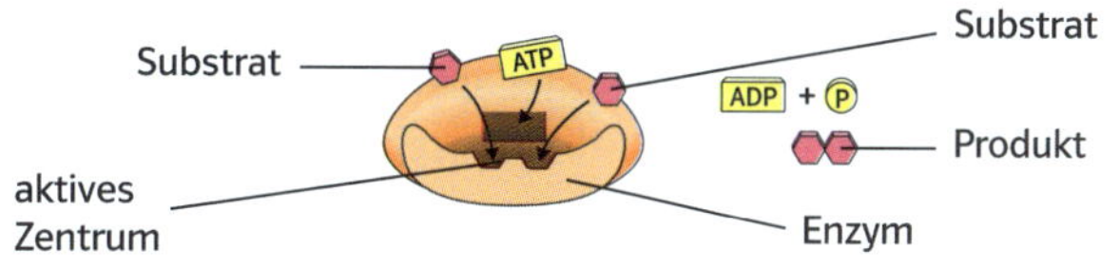
	Redoxreaktion, bei denen Elektronen vom einen Reaktionspartner abgegeben und vom anderen aufgenommen werden	

1 Einteilung der Enzyme in Enzymklassen

Aufgaben

50/100 ◒ **1** Erstellen Sie einen Überblick über die Enzymklassen, indem Sie die Tabelle in Bild 1 komplettieren.

20/100 ◒ **2** Recherchieren Sie je ein Beispiel für die jeweiligen Enzyme mit der katalysierten Reaktion.

30/100 ○ **3** Nennen Sie die Regeln zur eindeutigen Benennung von Enzymen.

Enzyme binden ganz spezifisch

Emil Fischer (1852–1919) gilt aufgrund seiner Forschungen zu Kohlenhydraten, Proteinen und Enzymen als Mitbegründer der Biochemie. 1894 beschrieb er erstmalig das Schlüssel-Schlossmodell. In seinen Experimenten versetzte er verschiedene Monosaccharide mit Hefe und beobachtete, ob eine alkoholische Gärung stattfand oder nicht. Zu diesem Zeitpunkt wusste er, dass die Hefezellen verschiedene Enzyme besitzen, die Zucker in Ethanol und Kohlenstoffdioxid umsetzen können.

1 Versuchsaufbau zur alkoholischen Gärung

Fischer konnte im Falle einer stattfindenden alkoholischen Gärung (z.B. in Gegenwart von D-Glucose) beobachten, dass im Erlenmeyerkolben Gasblasen aufstiegen und sich das Kalkwasser trübte. Nach einigen Tagen verschwand der charakteristische Hefegeruch und stattdessen trat nun der charakteristische Geruch von Alkohol auf. Bild 2 zeigt die dabei notierten Beobachtungen.

Untersuchte Monosaccharide	Beobachtungen	Auswertung (alkoholische Gärung: +/-)
D-Glucose	Gasblasen im Erlenmeyerkolben, Trübung, alkoholischer Geruch	
D-Mannose	Gasblasen im Erlenmeyerkolben, Trübung, alkoholischer Geruch	
D-Fructose	Gasblasen im Erlenmeyerkolben, Trübung, alkoholischer Geruch	
D-Talose	keine Gasblasen im Erlenmeyerkolben, keine Trübung, Hefegeruch	
L- Gulose	keine Gasblasen im Erlenmeyerkolben, keine Trübung, Hefegeruch	
L-Arabinose	keine Gasblasen im Erlenmeyerkolben, keine Trübung, Hefegeruch	

2 Beobachtungstabelle

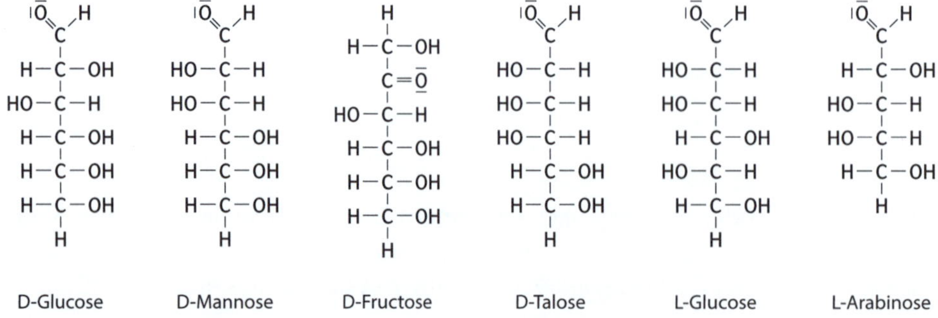

3 Strukturformeln der untersuchten Monosaccharide

Lange Zeit verwendete man ausschließlich das Schlüssel-Schloss-Modell zur Erklärung der Substratspezifität von Enzymen. Forscherteams fanden jedoch heraus, dass die Bindung des Substratmoleküls die räumliche Struktur des Enzymmoleküls verändert. Die Strukturen von Enzym- und Substratmolekül passen sich also aneinander an. Beide Moleküle werden dabei optimal zueinander ausgerichtet. Um diese Erkenntnis in einem Modell zu veranschaulichen, entwickelte man das Modell der induzierten Passform (engl. Induced fit model).

Beschreibung:	Beschreibung:	Beschreibung:

4 Induced-Fit-Modell

	Gemeinsamkeiten	Ähnlichkeiten	Unterschiede
Schlüssel-Schloss-Modell			
Induced-Fit-Modell			

5 Vergleich des Schlüssel-Schloss-Modells und des Induced-Fit-Modells

Aufgaben

15/100 **1** Werten Sie die Versuchsbeobachtungen aus, indem Sie die Tabelle in Bild 2 vervollständigen.

20/100 **2** Erklären Sie anhand der Versuchsbeobachtungen [B 2] und der Strukturformeln der untersuchten Monosaccharide [B 3] das Schlüssel-Schloss-Modell und begründen Sie die Substratspezifität von Enzymen.

15/100 **3** Stellen Sie das Schlüssel-Schloss-Modell in einer beschrifteten Skizze dar.

20/100 **4** Entwickeln Sie ein Modell (z.B. mithilfe von Moosgummi, Papier, Knete oder Alufolie) zur Veranschaulichung des Induced-Fit-Modell und stellen Sie dieses in einer beschrifteten Skizze dar.

15/100 **5** Beschreiben Sie das Induced-Fit-Modell mithilfe der Filmleiste [B 4].

15/100 **6** Vergleichen Sie tabellarisch in Bild 5 die Gemeinsamkeiten, Ähnlichkeiten und Unterschiede zwischen dem Schlüssel-Schloss-Modell und dem Induced-Fit-Modell.

Flexible Proteine

Schon im Jahr 1893 vermutete Emil Fischer, dass die Funktion eines Proteins von der räumlichen Struktur (Konformation) abhängt und diese Reaktion sehr spezifisch ist, weil Enzyme nicht an Moleküle binden können, deren Oberflächenform leicht abweicht. Bekannt ist dieses Phänomen unter dem Begriff Schlüssel-Schloss-Prinzip [B 1].

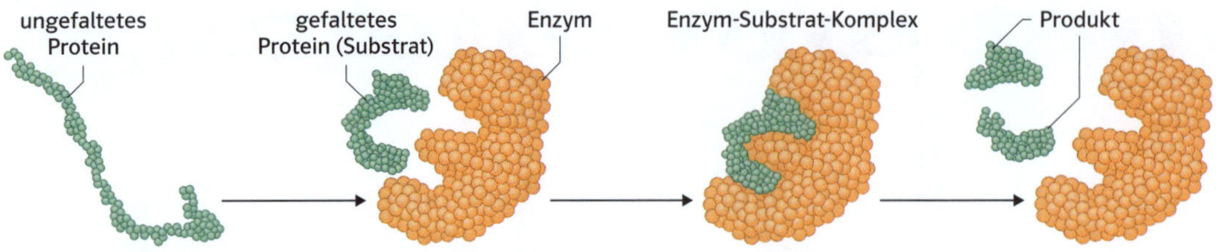

1 Schlüssel-Schloss-Prinzip

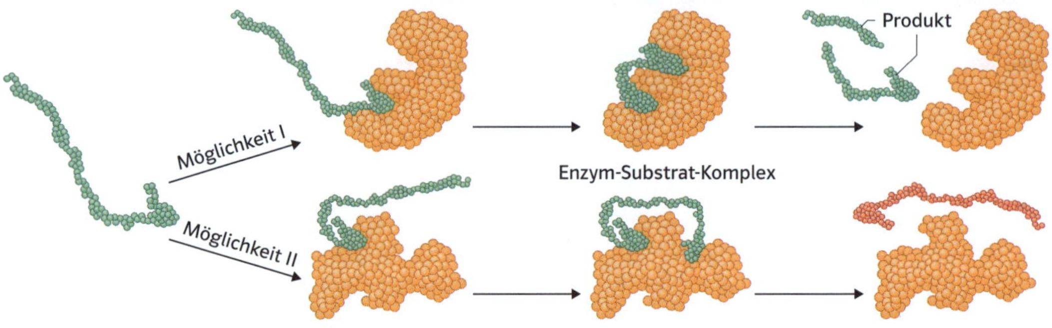

2 flexibles Protein mit unstrukturierten Abschnitten

Das Bakterium *E.Coli* besitzt ein System aus verschiedenen Proteinen, wie z. B. den beiden Proteinen MinD und MinE, die daran beteiligt sind, vor einer Zellteilung die ungefähre Mitte des Bakteriums zu lokalisieren. Während es sich bei MinE um ein gefaltetes Protein mit einer definierten Form handelt, zählt MinD zu den flexiblen Proteinen mit unstrukturierten Abschnitten [B 3].

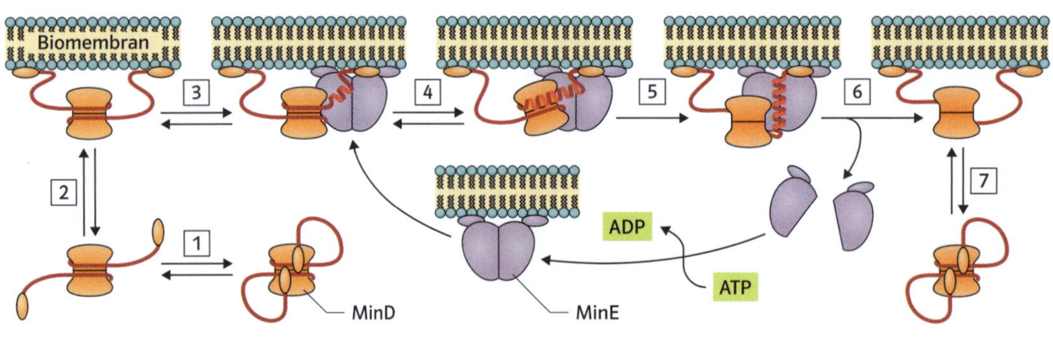

3 Beispiel für einen Vorgang mit einem flexiblen Protein mit unstrukturierten Abschnitten

Aufgaben

25/100 ○ **1** Erklären Sie das Schlüssel-Schloss-Prinzip und vergleichen es mit dem *Induced fit model*.

15/100 ◒ **2** Beschreiben Sie den in Bild 2 dargestellten Mechanismus eines flexiblen Proteins mit unstrukturierten Abschnitten.

35/100 ◒ **3** Analysieren Sie die in Bild 3 dargestellte Flexibilität des Proteins MinD.

25/100 ● **4** Stellen Sie zwei Hypothesen auf, in welchen unterschiedlichen Situationen flexible Proteine mit unstrukturierten Abschnitten von Vorteil sein könnten.

Superman-Proteine

Die Körpertemperatur des Menschen beträgt um die 37 °C. Steigt diese z. B. bei einer Infektion auf über 38 °C an, so spricht man von Fieber. Bei einem Temperaturanstieg auf 40 °C und darüber, handelt es sich um eine bedrohliche Situation für den Körper. Organe und Gewebe können geschädigt werden und der Kreislauf versagen. Eine Ursache hierfür ist, dass viele Proteine im menschlichen Organismus bei Temperaturen über 40 °C in ihrer Funktion eingeschränkt sind. Sie verändern ihre Struktur (Denaturierung) und sind irreparabel geschädigt. Proteine machen mehr als 50 % der Trockenmasse einer Zelle aus. Sie haben Einfluss auf Form und Struktur von Zellen und sind an allen entscheidenden Lebensfunktionen beteiligt. Hierfür entstehen aus den neu synthetisierten anfänglich noch ungefalteten Proteinen in Zwischenstufen nach wenigen Sekunden bis zu einigen Minuten gefaltete und funktionstüchtige Proteine [B 1].

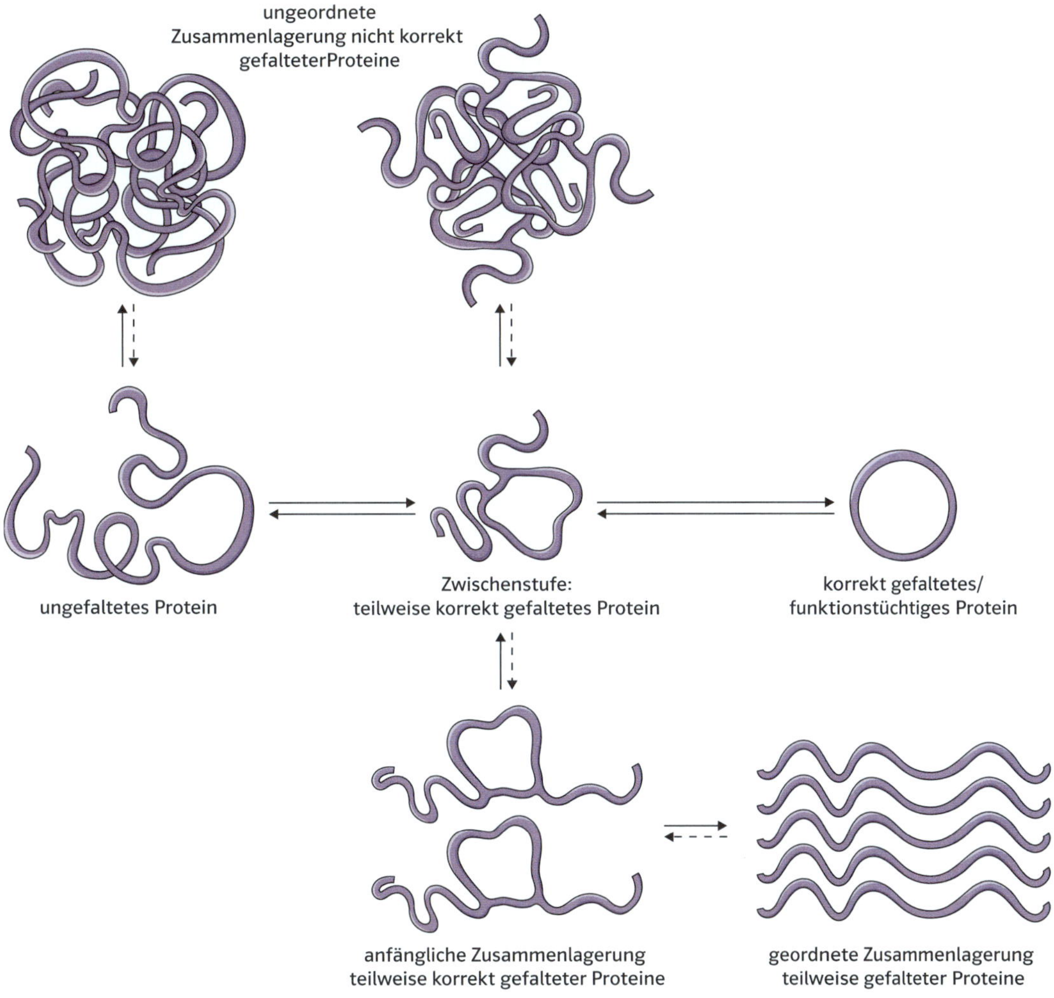

1 Faltungsprozesse von Proteinen

In der Zelle gibt es Mechanismen, die in einer Extremsituation, bei der denaturierte Proteine ihrer Funktion nicht mehr vollumfassend nachkommen können, entgegenwirken. Denaturierte Proteine weisen im Vergleich zum ursprünglichen Protein eine veränderte Struktur (nicht korrekt gefaltet) auf. Neben einer eingeschränkten Funktion können an die veränderte Struktur auch unerwünschte Moleküle irreversibel binden.

Viele Zellen besitzen daher eine spezielle Klasse von Proteinen, die sogenannten Hitzeschockproteine. Sie befinden sich vereinzelt immer in den Zellen, werden jedoch bei z. B. einem Temperaturanstieg vermehrt gebildet. Die Funktionsweise eines solchen Hitzeschockproteins ist in Bild 2 dargestellt.

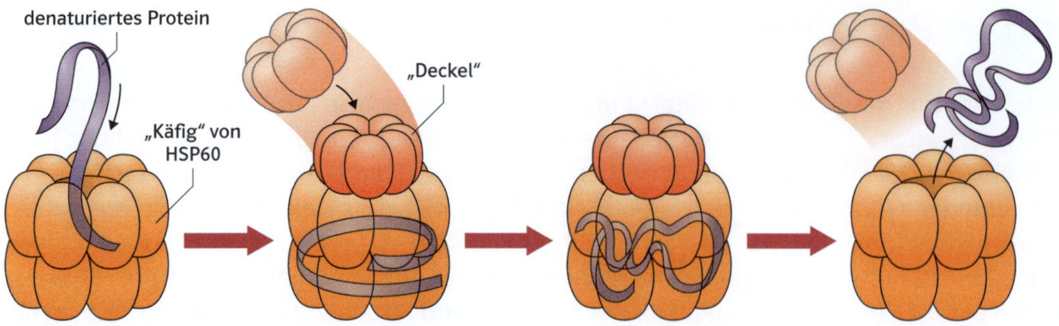

2 Funktionsweise des Hitzeschockproteins HSP60

Auch in der Wissenschaft nimmt das Interesse an Hitzeschockproteinen immer weiter zu. Bei bisher noch nicht heilbaren neurodegenerativen Krankheiten, wie Alzheimer oder Chorea Huntington lagern sich mit der Zeit u.a. immer mehr teilweise korrekt gefaltete Proteine geordnet in den Nervenzellen des Gehirns ab und häufen sich zu Klumpen zusammen. Dies führt u.a. zu Symptomen wie Gedächtnisverlust. Eine Aktivierung der Synthese von Hitzeschockproteinen z.B. durch Medikamente könnte hierfür ein möglicher Schlüssel im Kampf gegen diese Krankheiten sein. Erste Experimente mit dem Wirkstoff Geldanamycin liefern vielversprechende Ergebnisse. So konnte die Zusammenlagerung bei Zugabe von 18 mmol/L Geldanamycin teilweise verhindert werden und bei Zugabe 180 mmol/L fast komplett. Die teilweise gefalteten Proteine waren in der ganzen Zelle verteilt.

Aufgaben

15/100 ○ **1** Erstellen Sie eine Mind-Map zum Thema „Proteine“. Gehen Sie dabei u.a. auf die folgenden Aspekte ein: Bausteine, Struktur und Funktionen.

20/100 ◒ **2** Beschreiben Sie mithilfe von Bild 2 die Funktion eines Hitzeschockproteins und erläutern Sie die Bedeutung dieser Proteine.

10/100 ◒ **3** Stellen Sie eine Hypothese auf, unter welchen Umständen (neben der Denaturierung von Proteinen) Hitzeschockproteine ebenfalls ihre Funktion ausüben.

35/100 ● **4** Beschreiben Sie den Einfluss von Geldanamycin auf die vorhandenen geordneten Zusammenlagerungen teilweise gefalteter Proteine und stellen Sie eine Hypothese über den molekularbiologischen Wirkmechanismus von Geldanamycin auf.

20/100 ◒ **5** Beurteilen Sie den in der Überschrift verwendeten Begriff „Superman-Proteine“.

Lactase, ein Enzym zum Abbau von Milchzucker

Der in Milch enthaltene Milchzucker (Lactose) ist ein Zweifachzucker (Disaccharid), der aus den zwei Zuckerarten Glucose und Galactose (Monosaccharide) besteht. Lactose wird im Dünndarm durch das Verdauungsenzym Lactase gespalten. In der Membran der Darmepithelzellen befinden sich Carrier für die Spaltprodukte (Glucose und Galactose) und nicht für Lactose. Somit werden Glucose und Galactose von den Zellen des Darmepithels aufgenommen und weiter in das Blut transportiert.

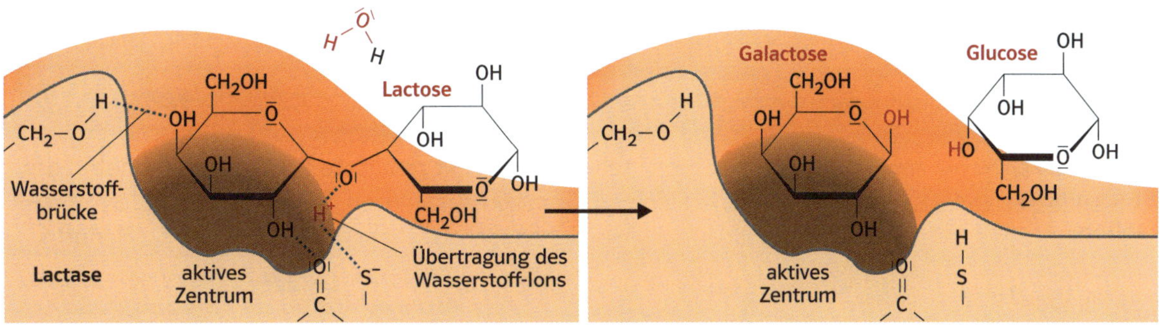

1 Abbau von Lactose

In Bild 2 werden die Versuchsansätze zur Untersuchung der Einflüsse auf die Lactaseaktivität gezeigt. In 5 Reagenzgläsern wird nach Zugabe der Reagenzien die hydrolytische Zerlegung von Lactose in Glucose und Galactose dokumentiert.

Versuchs-ansatz	Wasser	Lactose	Lactase	pH-Wert	Blei-Ionen*	Reaktions-temperatur (°C)	Ergebnis
1	+	+	+	6,5	–	80	
2	+	+	+	6,5	–	5	
3	+	+	+	6,5	–	37	
4	+	+	+	1	–	37	
5	+	+	+	3	+	37	

2 Versuchsansätze zur Lactaseaktivität (*Schwermetall Blei als Bleisalz, „+": vorhanden, „–": nicht vorhanden).

Aufgaben

25/100 ○ **1** Beschreiben Sie unter Verwendung von Fachbegriffen den in Bild 1 gezeigten Vorgang.

25/100 ◒ **2** Formulieren Sie eine mögliche Fragestellung zu den jeweiligen Versuchsansätzen [B 2].

35/100 ◒ **3** Stellen Sie Hypothesen auf, ob eine Enzymaktivität vorhanden ist, und tragen Sie ihre Vermutung in die letzte Spalte der Tabelle [B 2] ein. Begründen Sie anschließend Ihre Hypothesen.

15/100 ● **4** Prüfen Sie die Aussagekraft des Versuchsansatzes 5 in dem dargestellten Zusammenhang [B 2].

Beeinflussung enzymkatalysierter Reaktionen

Die Beeinflussung von enzymkatalysierten Reaktionen kann auf unterschiedliche Weise erfolgen. Dies ist im Stoffwechsel notwendig, damit eine energieaufwendige Überproduktion von Stoffwechselprodukten vermieden wird. Man unterscheidet zwischen Enzymhemmung und Enzymregulation.

	Kompetitive Hemmung	Nicht-kompetitive Hemmung	Irreversible Hemmung	Allosterische Regulation
Beschriftete Modellskizze der Enzymhemmung bzw. Enzymregulation				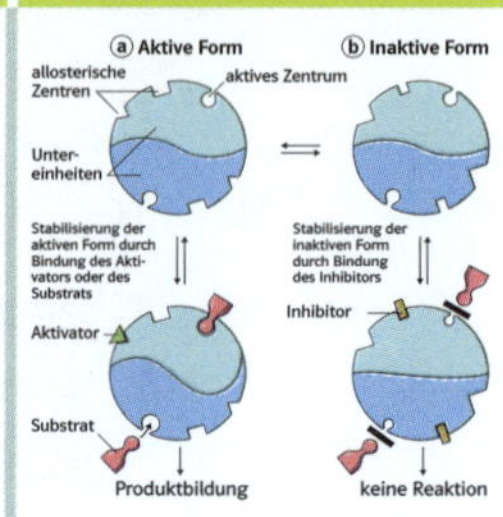
Bindungsort Hemmstoff bzw. regulierendes Molekül			aktives Zentrum	
Ablauf der Enzymhemmung bzw. der Enzymregulation		Inhibitormolekül, ohne Ähnlichkeit zum Substratmolekül, bindet außerhalb des aktiven Zentrums; ändert räumliche Struktur Enzym		
Reaktionsgeschwindigkeit während der Hemmung bzw. Regulation	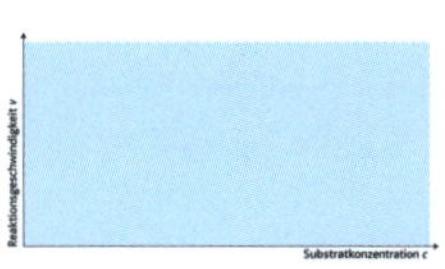		Dauerhafte Bindung des Inhibitormoleküls am aktiven Zentrum verhindert Bindung des Substratmoleküls	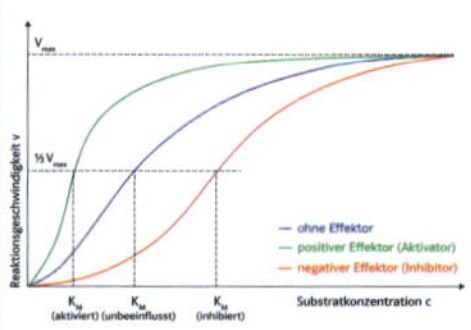
Reversibilität (mit Begründung)			Nicht reversibel: Inhibitormolekül am aktiven Zentrum lässt sich nicht mehr verdrängen; dauerhaft inaktiviert	
Beispiel				

Aufgaben

100/100 ○ **1** Vergleichen Sie die Formen der Enzymhemmung bzw. Enzymregulation, indem Sie die Tabelle vervollständigen.

Enzyme bestimmen Reifungsprozesse

Nach langer Aufbewahrung oder nach falscher Lagerung an warmen und sonnigen Orten werden Bananen braun bis schwarz. Für diesen Reifungsprozess sind Enzyme verantwortlich. Unter aeroben Bedingungen katalysiert das Enzym Phenoloxidase die Umsetzung des in der Banane enthaltenen Substrats Phenol in Chinon. Mehrere Chinonmoleküle reagieren dann miteinander zu Melanin, welches ein dunkelbrauner Farbstoff ist. Mithilfe eines Modellexperiments kann der enzymatisch gesteuerte Reifungsprozess einer Banane erklärt werden.

Material: Bananenschale, Teelicht, Feuerzeug, Pinzette

Durchführung: Es werden sechs quadratische Stücke (ca. 4 cm x 4 cm) aus der Bananenschale (ohne braunen Stellen) herausgeschnitten. Die äußere Seite des ersten Bananenschalenstücks wird mit einer Pinzette für 10 Sekunden ca. 1 cm über der Flammenspitze eines Teelichts gehalten [B 1]. Das zweite Bananenschalenstück wird genauso für 20 Sekunden über ein Teelicht gehalten. Das dritte Bananenschalenstück wird für 30 Sekunden, das vierte Bananenschalenstück für 40 Sekunden, das fünfte Bananenschalenstück wird für 50 Sekunden und das sechste Bananenschalenstück wird für 60 Sekunden über die Flammenspitze eines Teelichts gehalten.
Neben der Zeitdauer, in der die Wärme auf die Außenschale der Banane wirkt, kann auch der Einfluss der Wärmeintensität untersucht werden. Dazu wird die äußere Seite eines Bananenschalenstücks mit einer Pinzette für 20 Sekunden ca. 1 cm, ein zweites Bananenschalenstück ca. 5 cm und ein drittes Bananenschalenstück ca. 10 cm über der Flammenspitze eines Teelichts gehalten.
Alle Bananenschalenstücken müssen ca. 2 Minuten auskühlen bevor die Beobachtung skizziert werden kann.

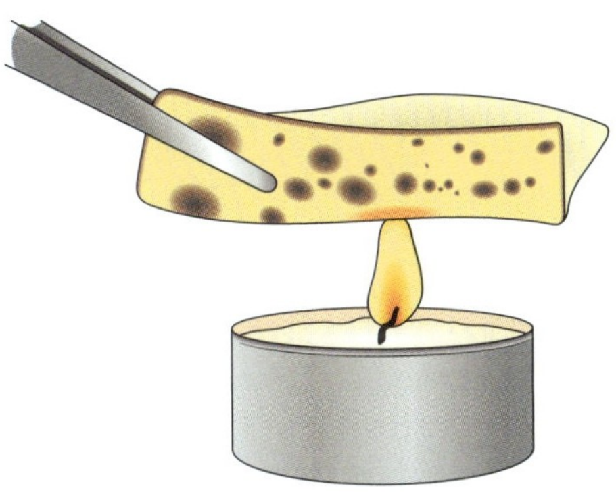

1 Versuchsskizze des Modellexperiments

Aufgaben

10/100 ○ **1** Stellen Sie den Reifungsprozess einer Banane in einem Fließschema dar.

20/100 ◒ **2** Formulieren Sie eine wissenschaftliche Problemfrage und eine Hypothese, die mithilfe der Modellexperimente untersucht werden können.

30/100 ◒ **3** Führen Sie die oben beschriebenen Modellexperimente durch. Dokumentieren Sie Ihre Beobachtungen und zeichnen Sie die entstandenen Farbveränderungen auf der äußeren Seite der Bananenschalenstückchen in Ihr Beobachtungsprotokoll.

25/100 ◒ **4** Erklären Sie Ihre Versuchsbeobachtungen unter Bezugnahme auf die RGT-Regel.

5/100 ○ **5** Nennen Sie mögliche Fehlerquellen, die bei der Durchführung der Modellexperimente auftreten können.

10/100 ◒ **6** In einem Kochbuch steht folgender Satz: „Bananen sollten möglichst an einem kühlen und dunklen Ort in der Küche aufbewahrt werden." Beurteilen Sie diese Aussage.

Heilende Weiden

Edward Stone (1702–1768) entdeckte die fiebersenkende und schmerzlindernde Wirkung eines in der Rinde der Weide vorkommenden Stoffes, der Salicylsäure. Er verabreichte Menschen, die über Schmerzen klagten, ein Pulver aus Weidenrinde. Alle berichteten danach von einer Verbesserung ihres Zustandes. Seine Erkenntnisse veröffentlichte Stone 1763. Salicylsäure war der Ausgangsstoff für Acetylsalicylsäure (ASS), ein auch heute noch weitverbreiteter Wirkstoff in verschiedenen Medikamenten. Neben der schmerzlindernden und entzündungshemmenden Wirkung wird es auch als Gerinnungshemmer eingesetzt. Symptome wie Fieber, Gelenkschmerzen, Kopfschmerzen aber auch Blutgerinnsel werden durch bestimmte Moleküle, den Prostaglandinen ausgelöst.

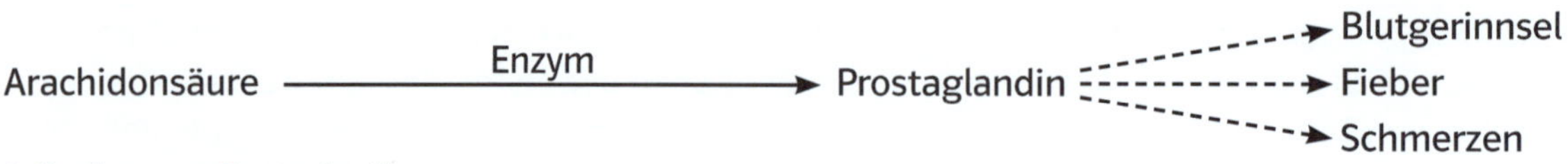

1 Synthese von Prostaglandinen

ASS-Konzentration (µg/ ml)	Menge an gebildeten Prostaglandinen (ng)
0	220
1	172
2	136
10	99
50	33
100	0

2 Ergebnisse der ersten Versuchsreihe

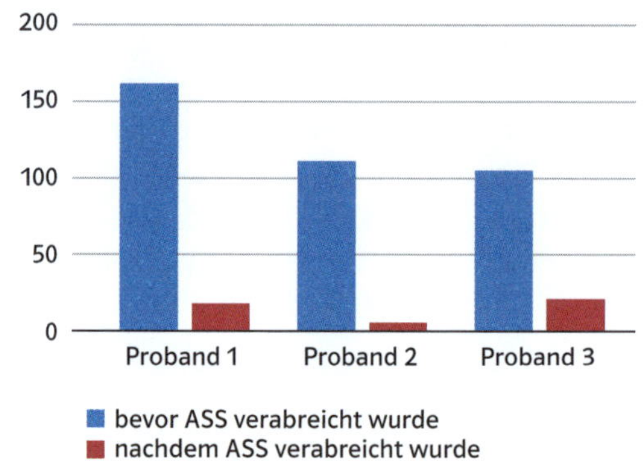

3 Ergebnisse der zweiten Versuchsreihe

Im Jahr 1971 konnte der britische Biochemiker John Robert Vane (1927–2004) nachweisen, dass ASS Einfluss auf die Synthese von Prostaglandinen nimmt. In einer ersten Versuchsreihe stellte er einen zellfreien Extrakt (Homogenat) aus Lungengewebe von Meerschweinchen her. Zu diesem Homogenat wurde Arachidonsäure gegeben, der Ausgangspunkt für die Synthese von Prostaglandinen. Zusätzlich wurde der Extrakt mit unterschiedlichen Mengen an ASS versetzt. Die Ergebnisse der Versuchsreihe sind in Bild 2 dargestellt. Thrombocyten können Prostaglandine produzieren. In weiteren Versuchsreihen wurde deshalb die Wirkung von ASS an menschlichen Thrombocyten getestet [B 3]. Die Synthese wird durch das gleiche Enzym katalysiert, das auch im Lungengewebe vorhanden ist. Wissenschaftler isolierten Thrombocyten einzelner Probanden und ermittelten die Menge an gebildeten Prostaglandinen nach einer bestimmten Zeit. Anschließend bekamen die Probanden eine klinische wirksame Dosis von ASS verabreicht. Es wurden wieder Thrombocyten isoliert und die Menge an gebildeten Prostaglandinen ermittelt [B 3].

Aufgaben

20/100 ○ **1** Fassen Sie die Vorgehensweise der vorgestellten Versuchsreihen als Fließschema zusammen.

35/100 ◒ **2** Stellen Sie die Ergebnisse der ersten Versuchsreihe [B 2] grafisch dar und begründen Sie den gewählten Diagrammtyp.

45/100 ● **3** Vergleichen Sie die Daten der ersten und zweiten Versuchsreihe miteinander [B 2 und 3]. Ziehen Sie Rückschlüsse auf die Wirkweise von ASS und erklären Sie, warum eine Erhöhung der Dosis nicht automatisch zu einer Verbesserung der Symptome führen muss.

Reaktionstypen im Stoffwechsel

In lebenden Zellen laufen ständig viele unterschiedliche Stoffwechselreaktionen ab. Beim Vergleich auf molekularer Ebene fällt auf, dass bei den unterschiedlichsten Vorgängen in den Zellen immer wieder die gleichen Reaktionstypen auftreten.

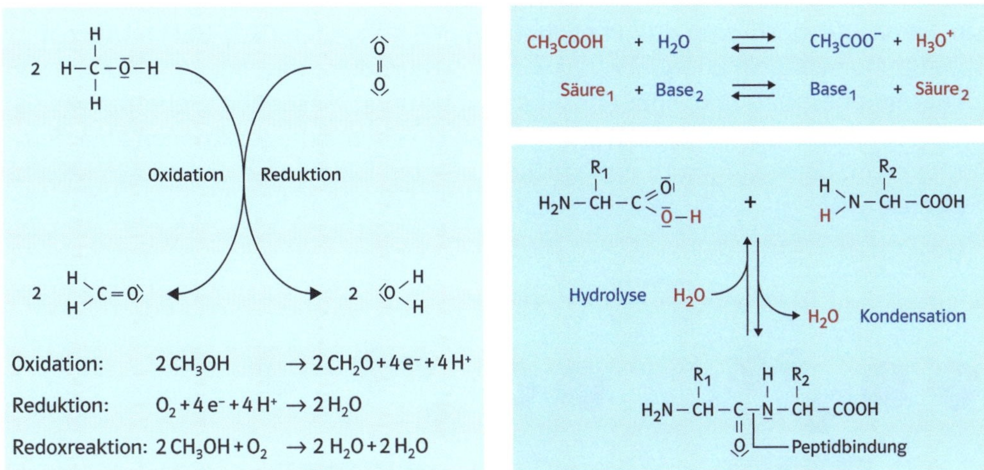

1 In Lebewesen häufig vorkommende Typen von Stoffwechselreaktionen

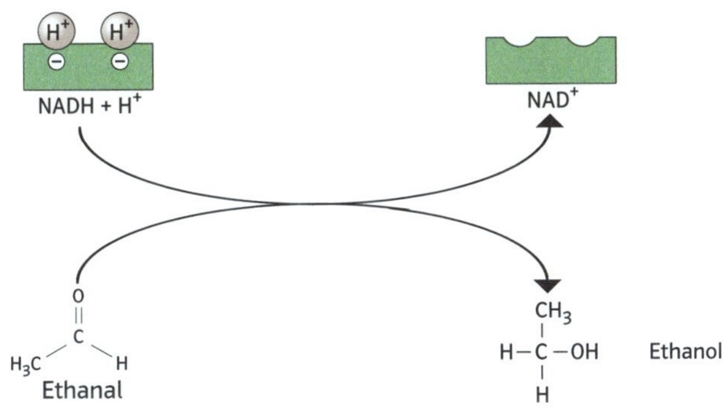

2 Ethanolbildung aus Ethanal

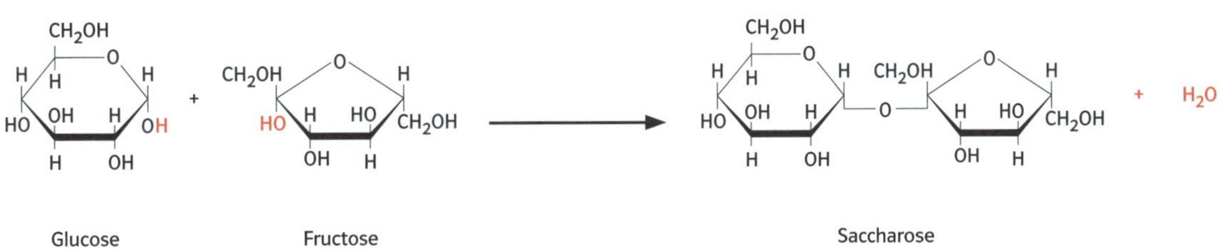

3 Saccharosebildung aus Glucose und Fructose

Aufgaben

25/100 ○ **1** Vergleichen Sie die in Bild 1 dargestellten Reaktionstypen.

30/100 ◒ **2** In Bild 2 ist an der Reaktion das Reaktionsäquivalent NAD^+ beteiligt. Analog dazu reagieren FAD^+ bzw. $NADP^+$. Ordnen Sie die dargestellte Reaktion begründet einem Reaktionstyp zu und stellen Sie hierbei die Bedeutung des NAD^+ heraus.

25/100 ◒ **3** Ordnen Sie das in Bild 3 dargestellte Beispiel begründet einem Reaktionstyp zu.

20/100 ◒ **4** Erläutern Sie die Aussage, dass Wasser einer der wichtigsten Reaktionspartner im Stoffwechsel ist.

ATP – der universelle Energieträger wird synthetisiert

ATP (Adenosintriphosphat) ist die am häufigsten gebildete Substanz aller Lebewesen. Obwohl in einem menschlichen Organismus von ca. 80 kg Körpergewicht nur etwa 150 g ATP enthalten sind, werden im täglichen Stoffwechsel etwa 40 kg ATP gebildet und wieder verbraucht. ATP besteht aus dem Kohlenhydrat Ribose und der organischen Base Adenin, diese Verbindung bezeichnet man als Adenosin. An das Adenosin sind drei Phosphatgruppen gebunden [B 1]. Bei der Abspaltung einer Phosphatgruppe wird ein Energiebetrag von ca. 30 kJ/mol freigesetzt. Beim Aufbau von ATP aus ADP (Adenosindiphosphat) und einer Phosphatgruppe muss dieser Energiebetrag wieder investiert werden. So wird ATP im Stoffwechsel z.B. genutzt, um chemische Reaktionen ablaufen zu lassen, um mechanische Bewegungen zu ermöglichen oder um Substanzen aktiv durch Membranen zu transportieren [B 1].

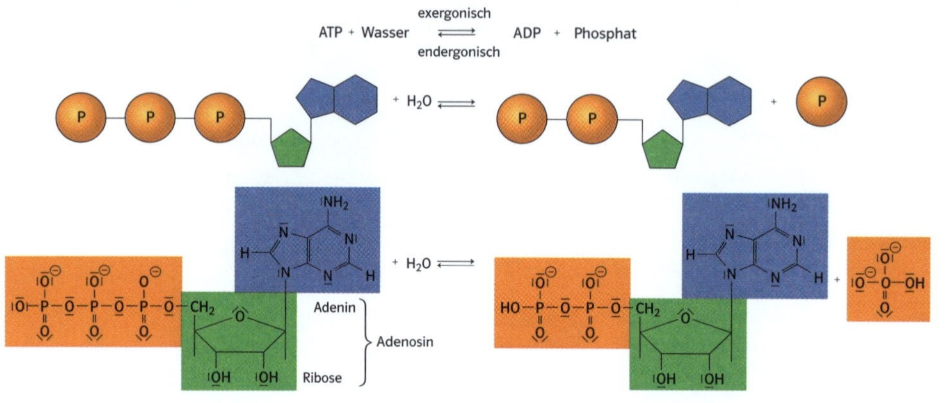

1 ATP-Bildung

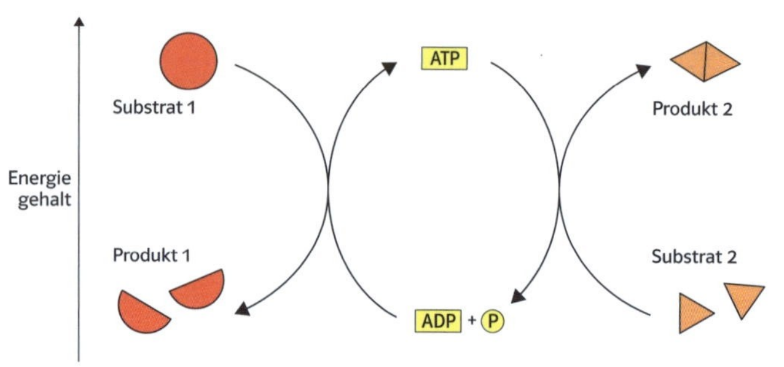

2 Gekoppelte Reaktionen durch ATP

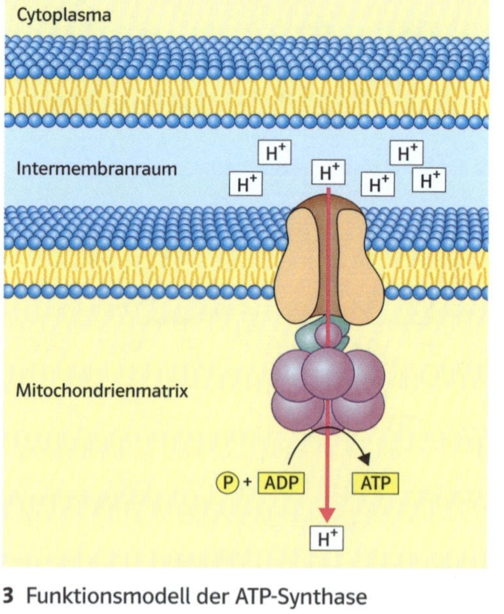

3 Funktionsmodell der ATP-Synthase

Das Enzym ATP-Synthase ist ein Transmembranprotein, mit den Funktionen einer Protonenpumpe und einer ATPase. Hauptaufgabe dieses Enzyms ist die Synthese von ATP aus ADP und Phosphat. Um die für diese Reaktion notwendige Energie aufzubringen, koppelt die ATP-Synthase die Reaktion mit dem energetisch begünstigten Transport von Protonen entlang eines Protonengradienten über eine Membran. Die ATP-Synthase kann also als Energiewandler verstanden werden, der eine Energieform in eine andere umwandelt. Da ATP bei allen Lebewesen als Energieüberträger benötigt wird, kommt die ATP-Synthase bei fast allen Organismen im Stoffwechsel vor:

- in der inneren Mitochondrienmembran der Eukaryoten (Zellen von Pflanzen und Tieren)
- in der Thylakoidmembran der Chloroplasten von Pflanzenzellen
- in der Plasmamembran von Prokaryoten

Die ATP-Synthase setzt sich aus 8 bis 20 verschiedenen Untereinheiten zusammen, die sich zu zwei Komplexen gruppieren: der wasserlösliche Komplex F_1 katalysiert die Bildung von ATP, der wasserunlösliche, in die Membran eingebaute Komplex F_0 transportiert Protonen [B 3]. Nach seinen beiden Untereinheiten wird die ATP-Synthase daher auch als F_0F_1-ATPase bezeichnet.

Die ATP-Bildung verläuft bei allen Organismen ähnlich. Exemplarisch werden nun die Vorgänge in einem Mitochondrium betrachtet [B 4]. An der inneren Mitochondrienmembran laufen zwei Schritte zur ATP-Bildung ab: die Elektronentransportkette zum Aufbau des Protonengradienten und der Abbau dieses Protonengradienten über die ATP-Synthase zur ATP-Bildung. Bevor man sich der tragenden Rolle des Protonengradienten bewusst war, suchte man lange Zeit erfolglos nach einem energiereichen Molekül, das in der Atmungskette entsteht und anschließend der ATP-Bildung dient. Der Gedanke des Protonengradienten wurde zunächst nicht ernst genommen und konnte erst durch verschiedene Experimente bestätigt werden. Experimente mit Halobakterien spielten hierbei eine zentrale Rolle [B 5]. Für die Experimente wurden Mitochondrien aus einem Rindermuskel isoliert und in einen künstlichen Vesikel mit einer Biomembran eingebaut. Aus Halobakterien wurde das Bacteriorhodopsin isoliert, ein Protein, das bei Lichteinfall Protonen pumpt, und für die Versuche verwendet. Als zusätzliche Überprüfungsvariante wurden Entkoppler benutzt. Sie können H^+-Ionen unabhängig von der ATP-Synthase durch die Membran schleusen.

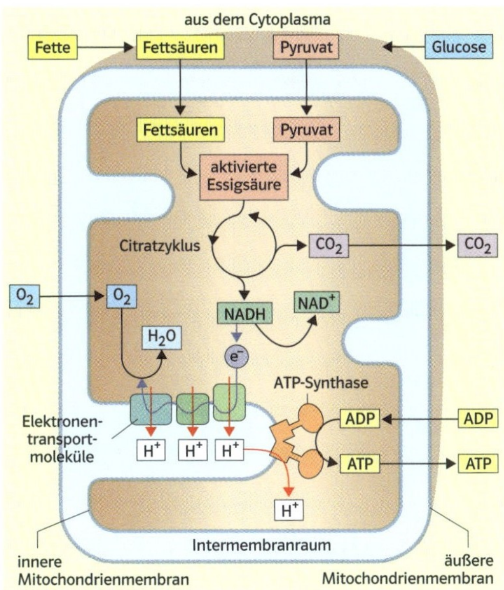

4 Schema der Abläufe im Mitochondrium

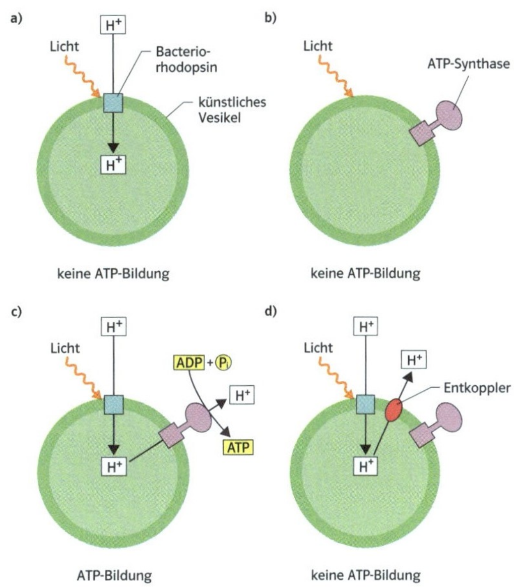

5 Experimente zur Bedeutung des Protonengradienten

Aufgaben

15/100 ○ **1** Erklären Sie das Prinzip der ATP-Nutzung anhand von Bild 1 und 2.

20/100 ◒ **2** Beschreiben Sie die Abläufe im Mitochondrium unter dem Aspekt des Nährstoffabbaus und der Energieumwandlung [B 4].

50/100 ◒ **3** Beschreiben Sie die vier Versuche an Halobakterien [B 5] und erläutern Sie, welche Aussage in Bezug auf die Bedeutung des Protonengradienten aufgrund der Beobachtungen der Versuche gemacht werden konnte.

15/100 ● **4** Der ATP-Vorrat im Muskelgewebe reicht durchschnittlich für weniger als eine Minute zur Aufrechterhaltung der Muskelfunktion. Begründen Sie, warum dieser ATP-Vorrat im Muskel trotzdem von großer Bedeutung ist.

Aufbauender und abbauender Stoffwechsel

Alle Lebewesen nehmen Stoffe aus der Umgebung auf, wandeln diese durch chemische Reaktionen um und geben andere Stoffe ab. Diese chemischen Reaktionen im Inneren von Lebewesen werden in ihrer Gesamtheit als Stoffwechsel bezeichnet.

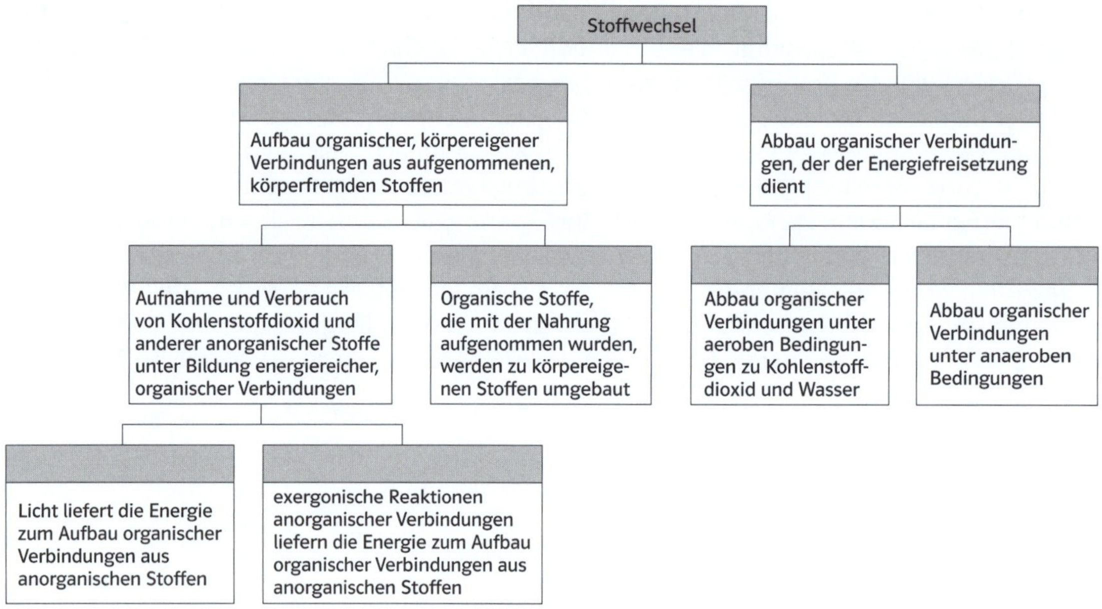

1 Unterteilung des Stoffwechsels

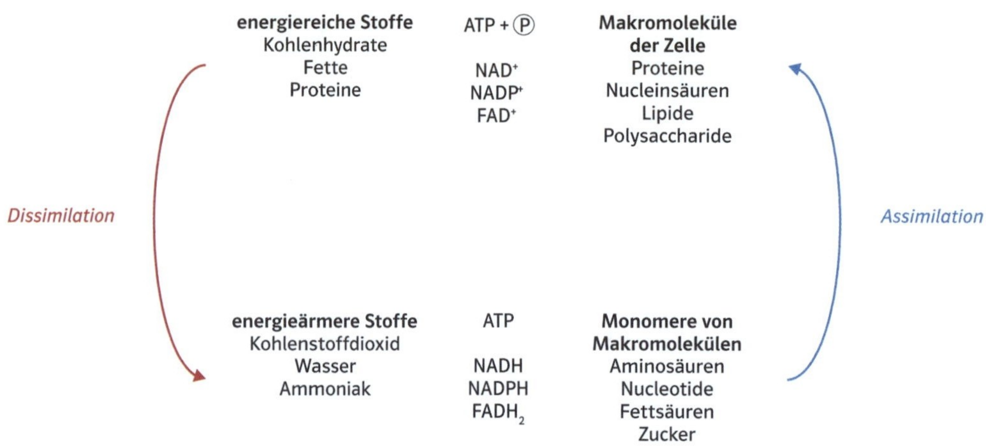

2 Zusammenhang zwischen aufbauendem und abbauendem Stoffwechsel

Aufgaben

27/100 ○ **1** Ergänzen Sie die fehlenden Fachbegriffe in Bild 1.

43/100 ◒ **2** Beschreiben Sie die Darstellung der Unterteilung des Stoffwechsels [B 1].

30/100 ◒ **3** Erklären Sie den Zusammenhang von aufbauendem und abbauendem Stoffwechsel anhand von Bild 2. Erläutern Sie in diesem Zusammenhang die Bedeutung von ATP und von Reduktionsäquivalenten.

Schwierigkeiten bei der Nährstoff-Resorption

Nach einer Nahrungsaufnahme findet im Magen-Darm-Trakt die Verdauung statt. Damit die Nahrungsbestandteile für den Körper verfügbar werden, müssen sie die Darmwand passieren [B 1]. Die Nährstoffe liegen nach der Verdauung im Darmlumen in Form ihrer Bausteine oder kleinerer Einheiten vor. Nur so können sie die Darmepithelzellen passieren und von dort aus über das Blut oder die Lymphe weiter zu den verschiedenen Organen transportiert werden. Die meisten Nahrungsbestandteile gelangen mithilfe von Carriern durch die Membran [B 1]. Der Transport erfolgt in der Regel durch erleichterte Diffusion. Eine Ausnahme stellt die Glucose dar, da sie häufig in den Darmepithelzellen in einer höheren Konzentration vorliegt als im Darmlumen. Aus diesem Grund wird Glucose nicht durch erleichterte Diffusion, sondern durch einen sekundär aktiven Transport in die Zelle gebracht [B 1 links unten].

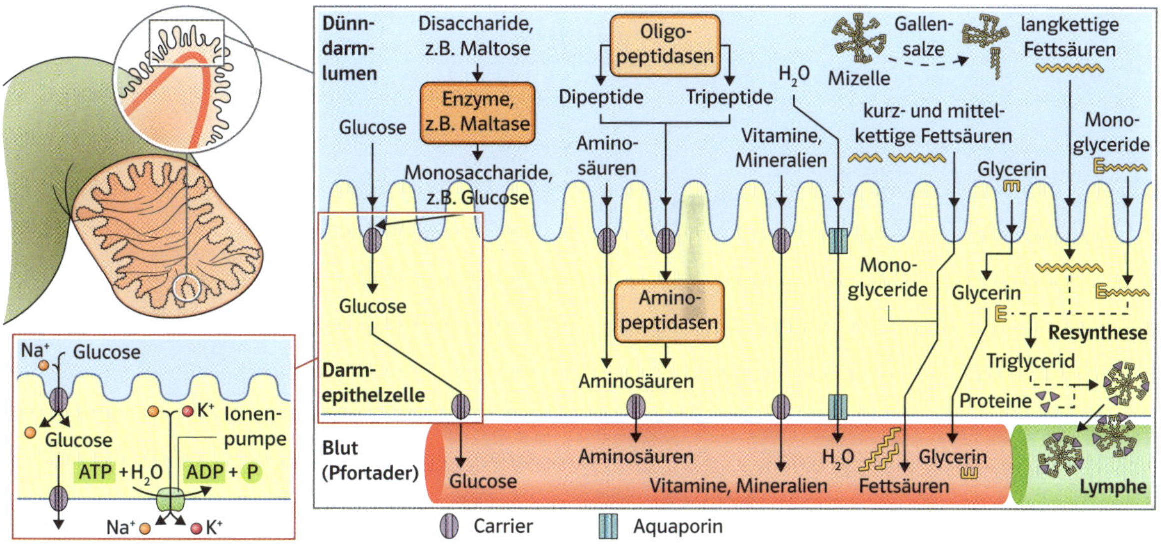

1 Resorption der Nahrungsbestandteile im Dünndarm

Wenn bei der Aufnahme der Nahrungsbestandteile in den Dünndarm Probleme auftreten, bezeichnet man dies allgemein als Malabsorption. Die Probleme können entweder bei der Verdauung oder bei der eigentlichen Resorption auftreten. Als Symptome treten vor allem starke Durchfälle, Blutarmut, ein geschwächtes Immunsystem und Gewichtsabnahme auf. Als Ursache von Malabsorption kommen verschiedene Erkrankungen infrage, z. B. Zöliakie. Hierbei handelt es sich um eine erbliche Unverträglichkeit gegenüber Gluten (ein Protein in Weizen, Gerste und Hafer). Bei betroffenen Personen führt die Aufnahme von Gluten zur Bildung bestimmter Antikörper, die die Dünndarmschleimhaut derart schädigen, dass es zur Abflachung der Darmzotten kommt. Wenn erkrankte Personen keine glutenhaltigen Lebensmittel mehr konsumieren, bildet sich in der Regel die normale bürstenartige Beschaffenheit der Dünndarmschleimhaut zurück.

Aufgaben

30/100 ○ **1** Erläutern Sie den Begriff der erleichterten Diffusion. Beschreiben Sie den Transport für alle Nahrungsbestandteile, die über eine erleichterte Diffusion in die Darmepithelzellen gelangen [B 1].

20/100 ◒ **2** Erklären Sie den sekundär aktiven Transport der Glucose in die Darmepithelzellen.

30/100 ◒ **3** Beschreiben Sie den Transport aller weiteren Nahrungsbestandteile in die Darmepithelzellen. Stellen Sie darüber hinaus eine Hypothese dazu auf, wie die Lipide aus den Darmepithelzellen in die Lymphbahn übergehen.

20/100 ● **4** Begründen Sie die durch Zöliakie verursachten Symptome einer Malabsorption.

Energiefreisetzung durch Abbau der Nahrungsbestandteile

Mithilfe des folgenden Kreuzworträtsels können Sie Ihr Wissen zur Energiefreisetzung durch den Abbau organischer Moleküle testen. Bitte beachten Sie, dass Bindestriche im Rätsel weggelassen werden.

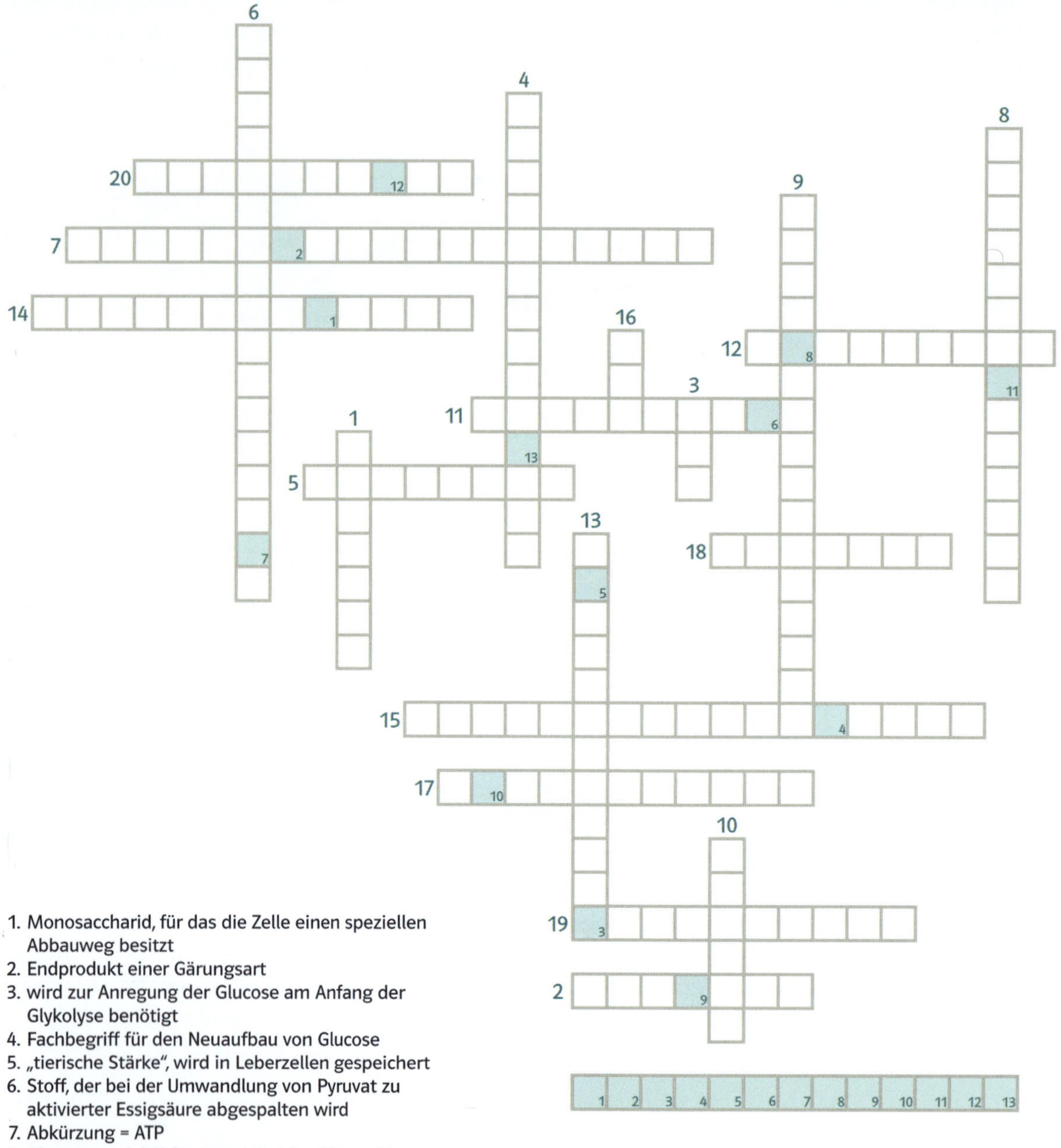

1. Monosaccharid, für das die Zelle einen speziellen Abbauweg besitzt
2. Endprodukt einer Gärungsart
3. wird zur Anregung der Glucose am Anfang der Glykolyse benötigt
4. Fachbegriff für den Neuaufbau von Glucose
5. „tierische Stärke", wird in Leberzellen gespeichert
6. Stoff, der bei der Umwandlung von Pyruvat zu aktivierter Essigsäure abgespalten wird
7. Abkürzung = ATP
8. Akzeptormolekül für Acetyl-CoA im Citratzyklus (Säure)
9. exotherme chemische Reaktion, bei der Elektronen von Wasserstoff auf Sauerstoff übertragen werden
10. Vorgang, der unter anaeroben Bedingungen abläuft
11. Hier findet die Glykolyse statt.
12. der erste Teil des Glucoseabbaus in einer Zelle
13. zentraler Kreislaufprozess des Kohlenhydratstoffwechsels
14. Zellorganell, in dem der Hauptteil der Zellatmung abläuft
15. Ausgangsprodukt der Gärungsvorgänge (Säure)
16. entsteht bei der Abspaltung einer Phosphatgruppe vom ATP
17. Enzym, das einen Protonengradient zur ATP-Bildung nutzt
18. in Abwesenheit von Sauerstoff
19. Lebensmittel, das durch Milchsäuregärung entsteht
20. wird bei der äußeren Atmung aufgenommen

Aufgaben

100 **1** Ermitteln Sie das Lösungswort durch Lösen des Kreuzworträtsels.

Atmung von Wassertieren

In Gewässern existieren zahlreiche Tierarten, die alle gemeinsam haben, dass sie Sauerstoff benötigen. Dieser wird über die äußere Atmung aufgenommen und kann dann in den Zellen der Lebewesen für die Zellatmung (innere Atmung) verwendet zu werden. Auch in Gewässern gibt es (wie auf dem Land) Wirbeltiere (z. B. Fische und Amphibien) und wirbellose Tiere (z. B. Schnecken, Würmer, Insekten und Spinnen). Für die lebenswichtige Sauerstoffaufnahme sind sie mit unterschiedlichen Angepasstheiten ausgestattet. Während die meisten erwachsenen Amphibien, wie z. B. Frösche über Lungen atmen, nehmen Fische den Sauerstoff über Kiemen auf [B 3]. Bei den wirbellosen Tieren gibt es verschiedene Möglichkeiten [B 1].

Die Larven von Wasserinsekten besitzen Tracheenkiemen. Diese bestehen aus weit verzweigten ________________ und sitzen ________________ am Körper, z. B. am Hinterleib. Innere und äußere ________________ haben gemeinsam, dass sie eine große ________________ für einen optimalen ________________ besitzen. Der Wasserfrosch atmet wie die Landtiere über Lungen und muss daher immer wieder an die Wasseroberfläche auftauchen, um Luft zu atmen, auch wenn er zusätzlich über seine Haut Sauerstoff aufnehmen kann. Manche Wasserinsekten holen sich ihren ________________ ebenfalls an der ________________. Sie nennt man Tracheenluftatmer. Der Wasserskorpion hat am Hinterleib ein ________________, das wie ein ________________ eingesetzt wird und über dessen Öffnung er Sauerstoff ________________ aufnimmt. Der Gelbrandkäfer streckt seinen ________________ aus dem Wasser und erneuert so seinen ________________ unter den Flügeldecken. Die Ruderwanze ________________ aus dem Wasser, dabei bleiben ________________ in ihrem Haarpelz hängen, die sie dann zum Atmen unter Wasser nutzt. Die Wasserspinne holt ihre zum Atmen notwendige Luft auch mit dem Hinterleib von der Wasseroberfläche. Die Luft wird von vielen feinen Haaren gehalten und bildet eine ________________ um den Hinterleib. Außerdem sammelt die Spinne von der Oberfläche geholte ________________ mithilfe von feinen Netzen in Luftglocken an Wasserpflanzen.

1 Äußere Atmung wirbelloser Wassertiere

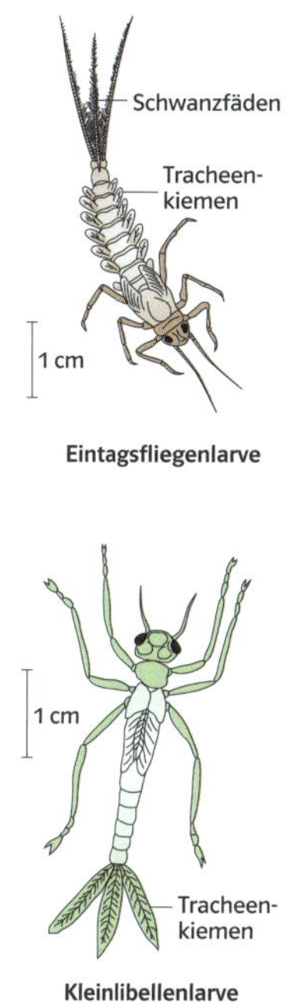

2 Beispielorganismen

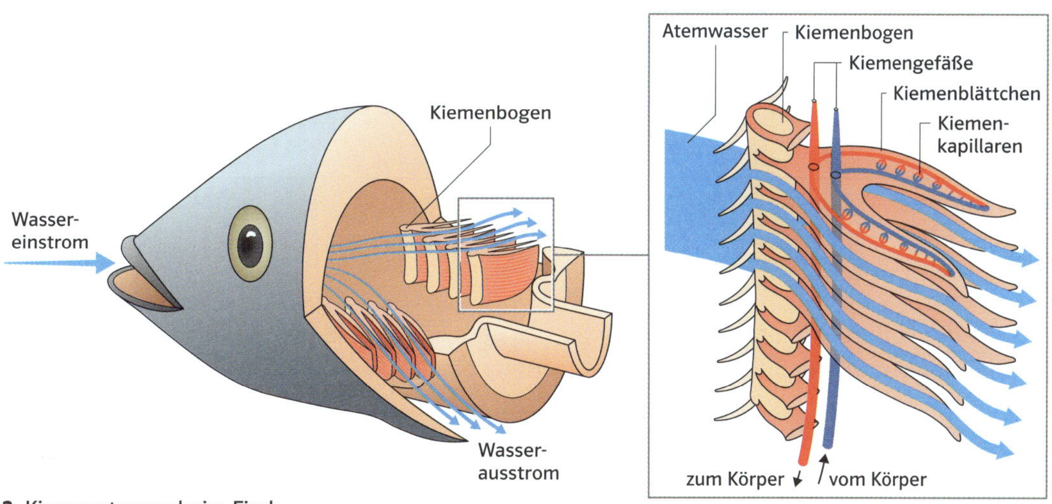

3 Kiemenatmung beim Fisch

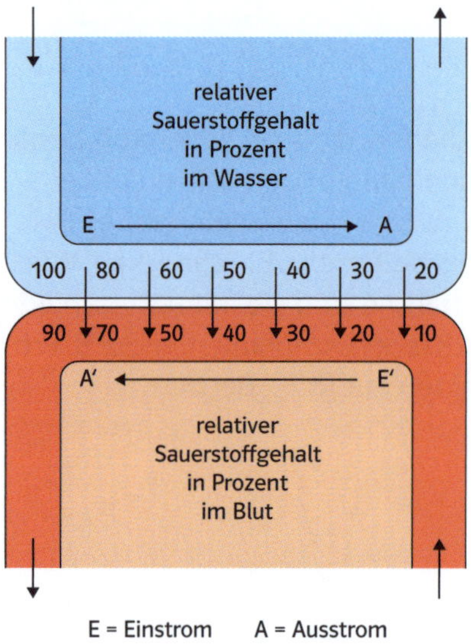

4 Sauerstoffgehalt in Wasser und Blut

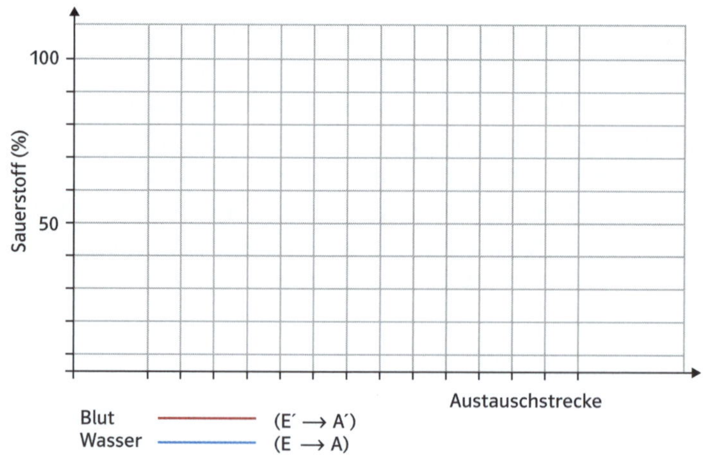

5 Sauerstoffgehalt – Grafik

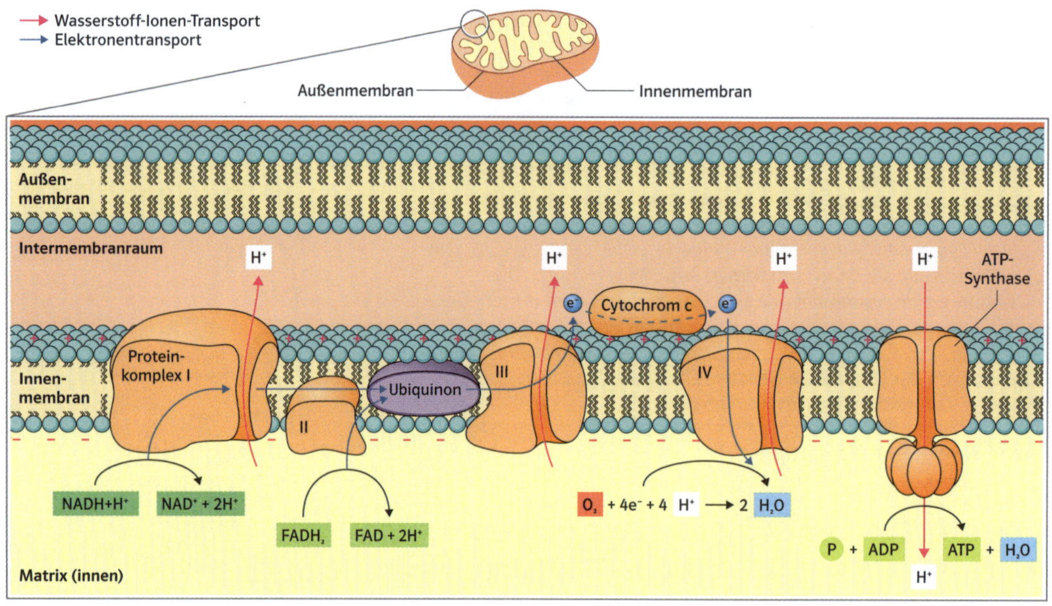

6 Vorgang im Mitochondrium

Aufgaben

15/100 ◒ **1** Beschreiben Sie die äußere Atmung wirbelloser Wassertiere, indem Sie die Lücken in Bild 1 füllen. Recherchieren Sie dazu evtl. im Schulbuch oder Internet.

15/100 ○ **2** Beschreiben Sie den Weg des Wassers und des Blutes durch die Kiemen des Fisches [B 3].

25/100 ◒ **3** Stellen Sie die Werte aus Bild 4 in Bild 5 grafisch dar.

20/100 ● **4** Die Lunge eines Säugetieres kann höchstens 25% des Sauerstoffgehalts der Luft ausnutzen, dagegen entziehen die Kiemen eines Fisches dem Wasser bis zu 85% des Sauerstoffgehalts. Erklären Sie diese Leistung der Fischkiemen mithilfe der Werte aus Bild 4.

25/100 ● **5** Beschreiben und benennen Sie den in Bild 6 dargestellten Vorgang. Stellen Sie zudem einen Zusammenhang zu den bisher erarbeiteten Sachverhalten auf diesem Arbeitsmaterial her.

Sportliche Höchstleistungen – eine Frage des Geschlechts?

Oft zeigen sich auffällige Unterschiede zwischen Männern und Frauen, was die sportlichen Höchstleistungen in Wettkämpfen betrifft, besonders deutlich wird dies in Laufdisziplinen: Im 100m-Lauf liegt der Weltrekord bei den Männern bei 9,58 s (Usain Bolt, 2009), bei den Frauen bei 10,49 s (Florence Griffith-Joyner, 1988). Beim Marathon liegt die Bestzeit der Männer bei 2:01:09 h (Eluid Kipchoge, 2022), bei den Frauen bei 2:11:53 h (Tigist Assefa, 2023). Die Muskulatur des Menschen wird für sportliche Leistungen aus drei Quellen mit der notwendigen Energie versorgt:
1) Im Cytoplasma ist ATP gespeichert, allerdings nur in geringen Mengen und steht sofort bis max. 30 s zur Verfügung.
2) Im glykolytischen System werden Kohlenhydrate zu Brenztraubensäure (Pyruvat) und Milchsäure (Lactat) abgebaut, dabei entstehen schnell, jedoch wenig ausdauernd geringe ATP-Mengen (je nach sportlicher Betätigung etwa 5 Min.).
3) Im oxidativen System werden Kohlenhydrate und Fette zu CO_2 und H_2O abgebaut, wodurch längerfristig ATP in größerer Menge zur Verfügung gestellt wird.
Untersucht man die Muskulatur und ihren Stoffwechsel genauer, so zeigen sich deutliche Unterschiede zwischen Männern und Frauen [B 1–4], u.a. besitzen Frauen ca. 20 % weniger Mitochondrien in den Muskelzellen als Männer.

	Mann	Frau
Alter	20–24 Jahre	20–24 Jahre
Größe	1,74 m	1,64 m
Gewicht	70,0 kg	56,9 kg
Fett	10,5 kg = 15,0 %	15,3 kg = 26,9 %
Muskel	31,3 kg = 44,7 %	24,4kg = 35,9 %
Knochen	10/4 kg = 14,9 %	6,8 kg = 12,0 %
übrige Gewebe	17,8 kg = 25,4 %	14,4 kg = 25,2 %

1 Körperzusammensetzung bei Mann und Frau

Männer		Frauen
3,2 → 44	untrainiert	2,3 → 38
4,8 → 67	trainiert	3,3 → 55
Ruhe → max. Leistung		Ruhe → max. Leistung

2 Maximale Sauerstoffaufnahme (Mittelwerte in ml/min pro kg)

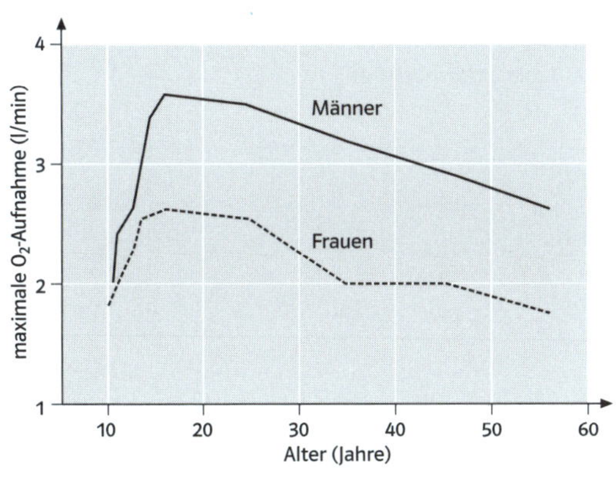

3 Maximale Sauerstoffaufnahme (absolut) bei Männern und Frauen

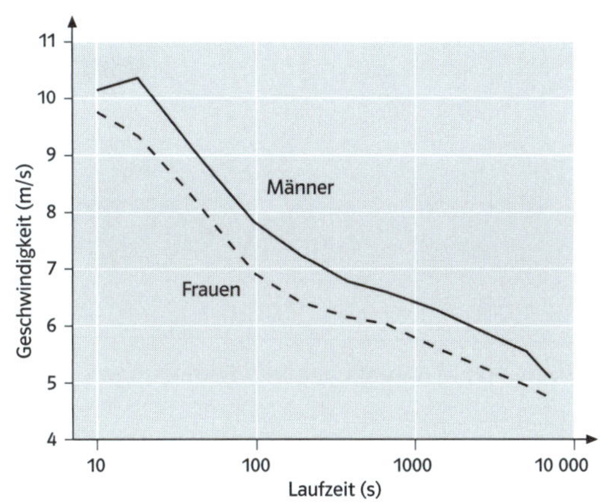

4 Vergleich der Laufgeschwindigkeiten von Männern und Frauen

Aufgaben

50/100 ◒ **1** Erklären Sie mithilfe von Bild 1 die unterschiedlichen Werte zur Sauerstoffaufnahme in Bild 3.

25/100 ○ **2** Beschreiben Sie mithilfe der Bilder 2 und 3, welche Auswirkungen sportliches Training auf die Sauerstoffaufnahme hat.

25/100 ● **3** Begründen Sie, warum auch trotz intensivem Training die in Bild 4 dargestellten Unterschiede nicht aufgehoben werden können.

Octopin

Octopus ist eine Gattung von Weichtieren, die häufig am Grund der Ozeane anzutreffen ist. Zu ihren natürlichen Feinden gehören Aale oder Haie. Müssen die Weichtiere vor diesen Feinden fliehen, nehmen sie Wasser in ihren Mantel auf. Das Wasser wird dann mit einem Muskel durch eine Öffnung, das Trichterorgan, herausgepresst. Der entstehende Rückstoß ermöglicht ein schnelles Entkommen. Dabei wird in kurzer Zeit viel Energie in Form von ATP verbraucht. Der Großteil des ATPs muss anaerob gewonnen werden, da eine ausreichende Versorgung der Muskulatur mit Sauerstoff nicht sofort gewährleistet werden kann. Dabei entsteht der Stoff Octopin [B 1]. Octopin ist funktionell mit dem beim Menschen unter anaerober Belastung gebildeten Lactat vergleichbar.

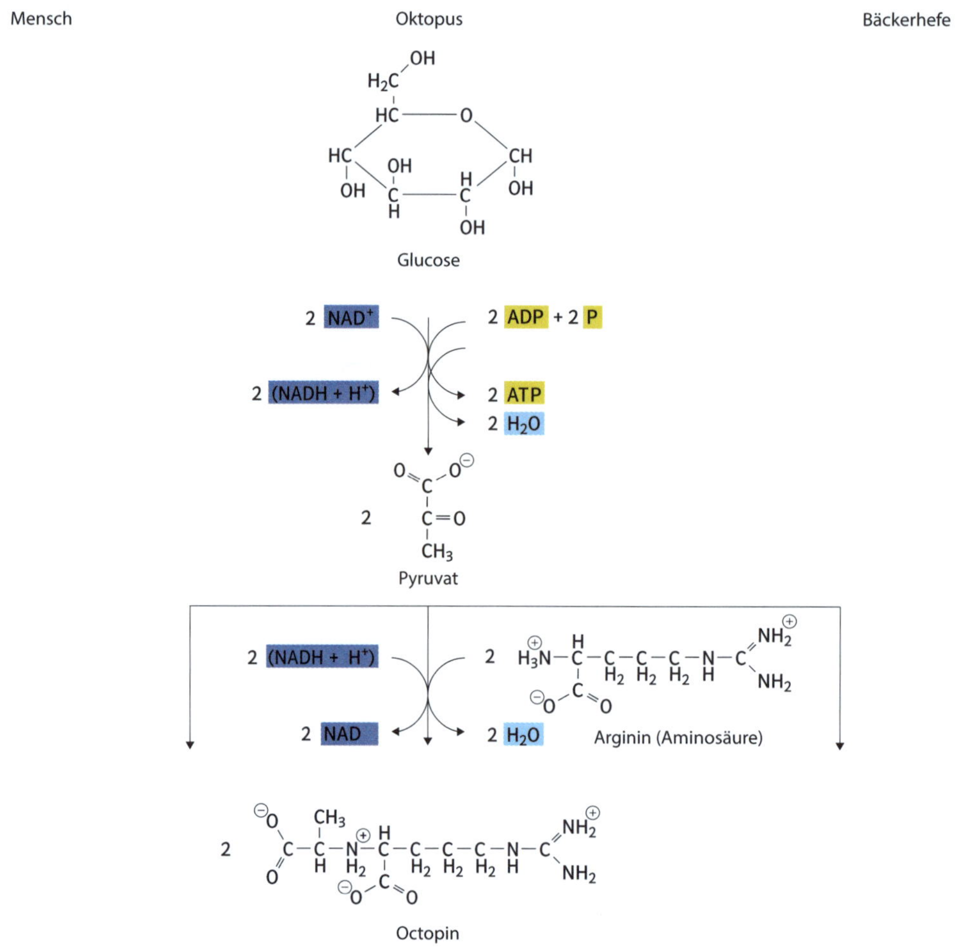

1 ATP-Gewinnung unter anaeroben Bedingungen

Aufgaben

24/100 ○ **1** Ergänzen Sie in Bild 1 die beim Menschen auftretende Milchsäuregärung sowie die bei der Bäckerhefe zu beobachtende alkoholische Gärung.

42/100 ◒ **2** Vergleichen Sie tabellarisch die in Bild 1 dargestellte Form der anaeroben Energiegewinnung mit der Milchsäuregärung und der alkoholischen Gärung hinsichtlich der Edukte, der Produkte, der Energieausbeute sowie Bilanz der gebildeten Reduktionsäquivalenten.

24/100 ◒ **3** Erläutern Sie die Bedeutung der anaeroben Verarbeitung von Pyruvat für die Energiegewinnung.

10/100 ◒ **4** Überprüfen Sie die Effizienz der in Bild 1 dargestellte Formen der anaeroben Energiegewinnung im Vergleich zur Zellatmung.

Atmungskette

In der Glykolyse, bei der oxidativen Decarboxylierung und im Citratzyklus werden aus 1 mol Glucose insgesamt 10 mol (NADH + H^+) sowie 2 mol $FADH_2$ gewonnen. Aus diesen Reduktionsäquivalenten wird in der Atmungskette wieder NAD^+ bzw. FAD regeneriert. Dadurch können Glykolyse, oxidative Decarboxylierung und Citratzyklus weiter ablaufen. In der Atmungskette werden Elektronen von einem Redoxpartner mit negativerem Redoxpotenzial auf einen Redoxpartner mit positiverem Redoxpotenzial übertragen [B 1, B 2]. Die bei den Reaktionen freiwerdende Energie kann für den Transport von Protonen genutzt werden.

Redoxsystem		Redoxpotenzial
oxidiert	reduziert	
NAD^+	$NADH+H^+$	−0,32 V
Komplex I $_{ox.}$	Komplex I $_{red.}$	−0,10 V
Ubiquinon $_{ox.}$	Ubiquinon $_{red.}$	+0,05 V
Komplex III $_{ox.}$	Komplex III $_{red.}$	+0,08 V
Cytochrom c $_{ox.}$	Cytochrom c $_{red.}$	+0,24 V
Komplex IV $_{ox.}$	Komplex IV $_{red.}$	+0,55 V
½ O_2 + 2 H^+	H_2O	+0,82 V

1 Redoxpotenziale einiger an der Atmungskette beteiligter Redoxsysteme.

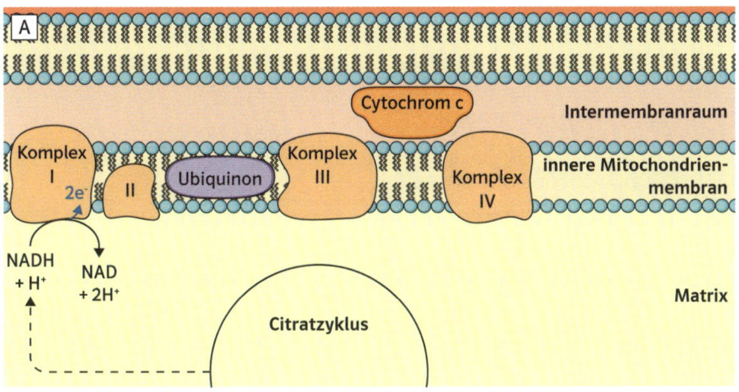

Das Redoxpotenzial von Komplex I (-0,10 V) ist positiver als das Redoxpotenzial von NADH+H⁺ (-0,32 V). Darum wird NADH zu NAD⁺ oxidiert. Die Elektronen werden auf die oxidierte Form von Komplex I übertragen. Komplex I wird damit reduziert.

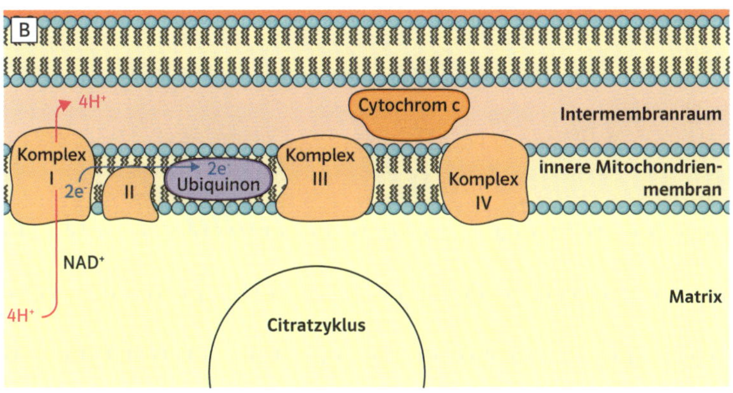

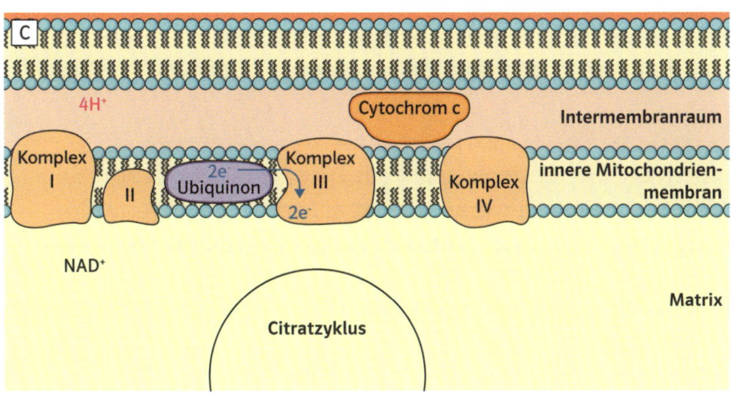

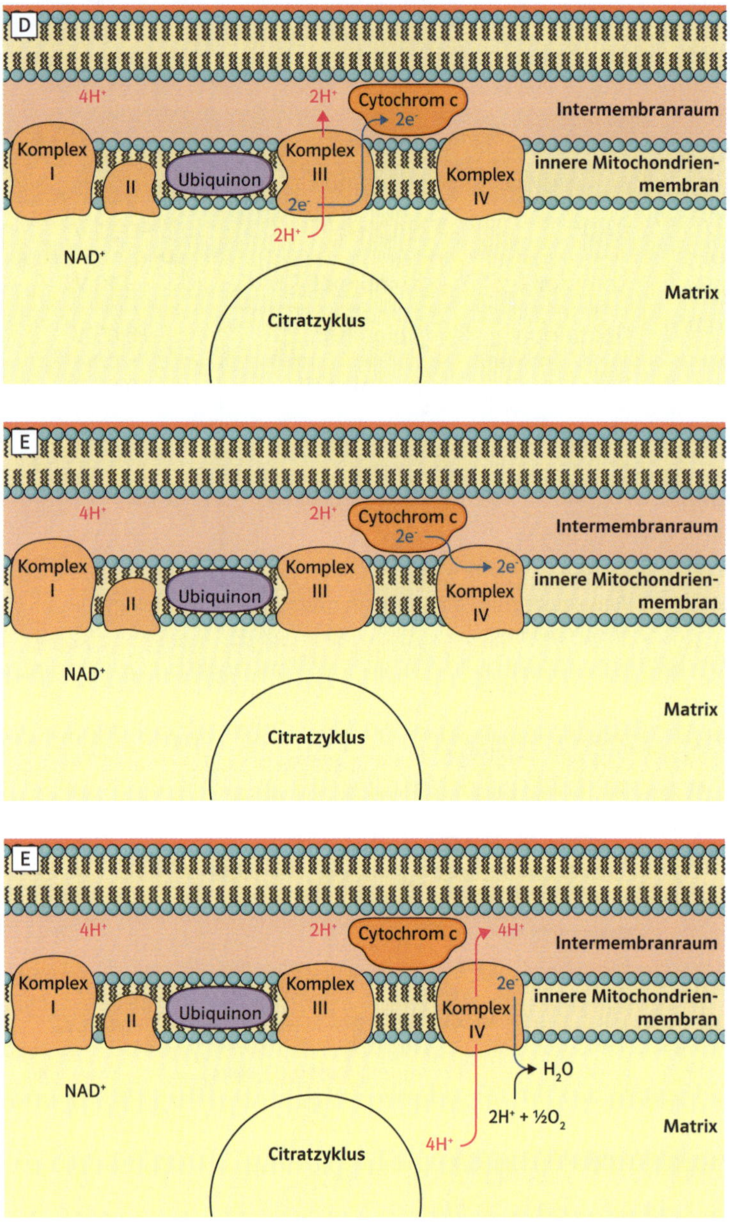

2 Elektronen- und Protonentransport in der Atmungskette.

Aufgaben

50/100 **1** Erläutern Sie anhand von Bild 1 und 2 die Vorgänge in der Atmungskette. Ergänzen Sie damit die Angaben in Bild 2.

20/100 **2** $FADH_2$ wird an Komplex II oxidiert. Komplex II ist auf der Innenseite der inneren Mitochondrienmembran lokalisiert. Die Elektronen werden von dort auf Ubiquinon übertragen. Erstellen Sie eine Skizze analog zu Bild 2, die den Weg der Elektronen und den Protonentransport nach der Oxidation von $FADH_2$ zeigt.

30/100 **3** Für die Herstellung von ATP wird der durch die Atmungskette aufgebaute Konzentrationsunterschied der Protonen über die innere Mitochondrienmembran benötigt. Aus dem Konzentrationsunterschied der Protonen über die innere Mitochondrienmembran, der aus einem Molekül NADH aufgebaut wurde, können drei Moleküle ATP gewonnen werden. Aus dem Konzentrationsunterschied, der aus einem Moleküle $FADH_2$ aufgebaut wurde, können nur zwei Moleküle ATP gewonnen werden. Erklären Sie diesen Unterschied anhand von Bild 2 und anhand der selbst erstellten Skizze aus Aufgabe 2.

Aufnahme von Pyruvat in Mitochondrien

Mitochondrien sind Zellorganellen, die in nahezu allen eukaryotischen Zellen vorkommen. Im Gegensatz zu anderen Zellorganellen (außer den Chloroplasten) verfügen Mitochondrien über eine eigene DNA sowie über Ribosomen. Mitochondrien werden von der äußeren Mitochondrienmembran von dem umgebenden Cytosol abgegrenzt. Eine weitere Membran, die stark gefaltet ist, findet sich im Inneren der Mitochondrien. Diese Membran wird aufgrund ihrer Lokalisation als innere Mitochondrienmembran bezeichnet. Sie trennt den Intermembranraum, der zwischen den beiden Membranen liegt, vom Innenraum der Mitochondrien, der Matrix. In beiden Membranen finden sich unterschiedliche Proteine, die den Stoffaustausch zwischen dem Cytosol und den Mitochondrien ermöglichen [B 1].
Mitochondrien sind an der Zellatmung beteiligt. Dabei wird in der Glykolyse im Cytoplasma Glucose zu Pyruvat verarbeitet. Für die weiteren Schritte der Zellatmung wird das Pyruvat in die Mitochondrienmatrix transportiert. An diesem Transport sind zwei Proteine beteiligt [B 1].

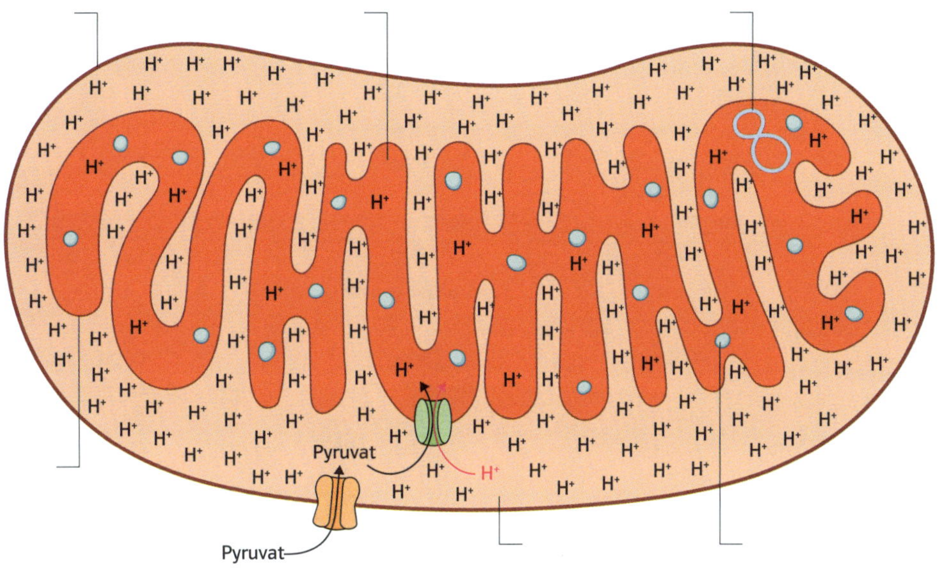

1 Bau eines Mitochondriums.

Aufgaben

20/100 ○ **1** Benennen Sie anhand des Textes die in Bild 1 markierten Strukturen.

35/100 ◒ **2** Erläutern Sie anhand von Bild 1 die Aufnahme von Pyruvat in die Mitochondrienmatrix. Gehen Sie dabei auch auf die Protonenkonzentrationen im Intermembranraum und in der Matrix ein.

40/100 ◒ **3** Erläutern Sie anhand von Bild 1 das Prinzip der Oberflächenvergrößerung und das Basiskonzept Struktur und Funktion.

Nobelpreis 1953 für die Entdeckung des Citratzyklus

Zur Erforschung des Energiestoffwechsels wurde eine Vielzahl von Versuchen durchgeführt. Die beteiligten Stoffe wurden identifiziert, indem verschiedene organische Säuren zu Gewebehomogenaten gegeben wurden. Wenn die Stoffe bei der Zellatmung verbraucht wurden, ließ sich ein Anstieg des Sauerstoffverbrauchs im Versuchsansatz feststellen. War die untersuchte Säure nicht beteiligt, blieb der Sauerstoffverbrauch im Versuchsansatz unverändert. Zusätzlich zeigte sich, dass der Zusatz von Succinat, Fumarat, Malat und Oxalacetat den Sauerstoffverbrauch von Gewebehomogenaten stärker steigern, als zu deren Oxidation eigentlich nötig wäre. Ferner war bekannt, dass die Reaktion von Succinat zu Fumarat in Zellen durch Zugabe von Malonat gehemmt wird. Experimente zeigten aber auch, dass es bei Zugabe von Fumarat, Malat oder Oxalacetat zu Gewebehomogenaten in Gegenwart von Malonat zur Anreicherung von Succinat kommt. Diese Beobachtungen ließen Hans Adolf Krebs, einen deutschen Biochemiker, schlussfolgern, dass die in Bild 1 beschriebenen Reaktionen in einem Reaktionskreislauf ablaufen müssen. Die von Krebs aufgestellte Reaktionsabfolge wurde als Citratzyklus benannt. Für diese Entdeckung wurde ihm, zusammen mit Fritz Lipmann, 1953 der Nobelpreis für Physiologie oder Medizin verliehen. Lipmann korrigierte den von Krebs vorgeschlagenen Reaktionsschritt der Reaktion von Pyruvat mit Oxalacetat.

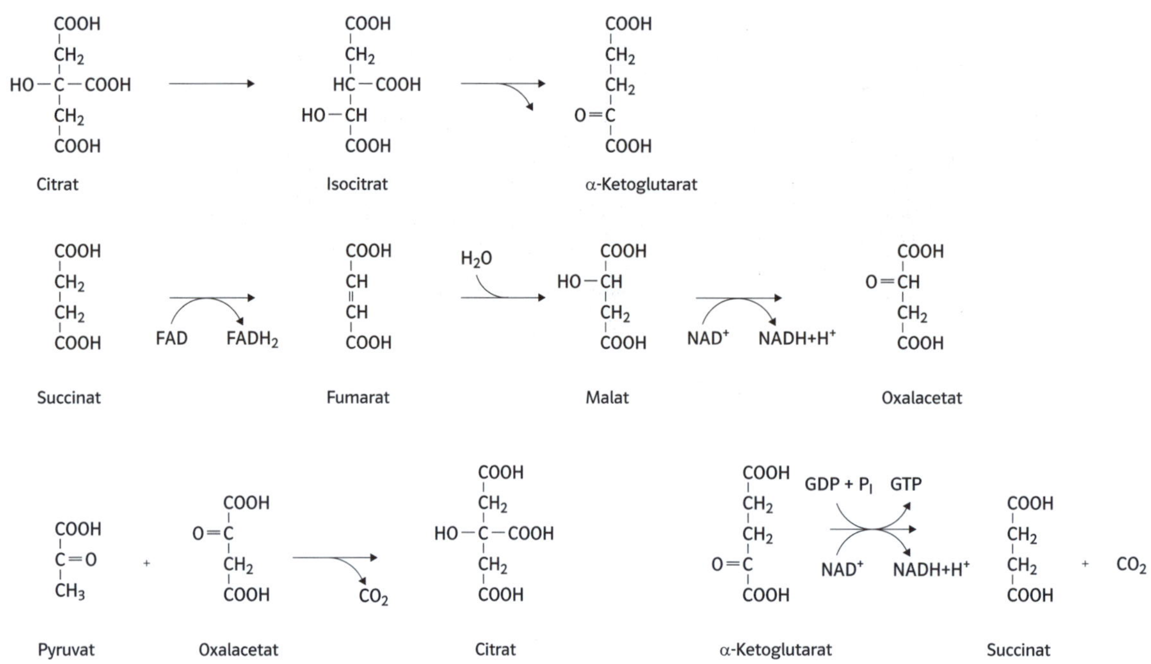

1 Reaktionsschritte im Citratzyklus

Aufgaben

25/100 **1** Stellen Sie aus den Angaben im Text und den in Bild 1 dargestellten Reaktionsabfolgen den von Hans Adolf Krebs vorgeschlagenen Citratzyklus auf.

25/100 **2** Erklären Sie die weiteren im Text beschriebenen experimentellen Beobachtungen anhand des von Krebs aufgestellten Citratzyklus.

50/100 **3** Analysieren Sie, ob diese Beobachtungen auch bei einer linearen Abfolge der Reaktionen möglich sind und stellen Sie die Stoff- und die Energiebilanz des von Krebs aufgestellten Citratzyklus auf.

Erkenntnisse bei der Erforschung der Glykolyse

Der Abbau von Glucose zur Energiegewinnung wird bereits seit dem 19. Jahrhundert erforscht. Bis zur vollständigen Entschlüsselung der Teilreaktionen der Glykolyse [B 1] vergingen insgesamt aber über 50 Jahre.

Jahr	Reaktion
1927	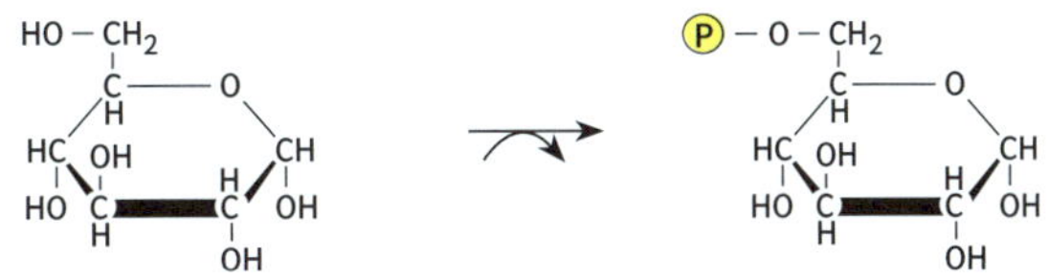 Glucose Glucose-6-phosphat
1933	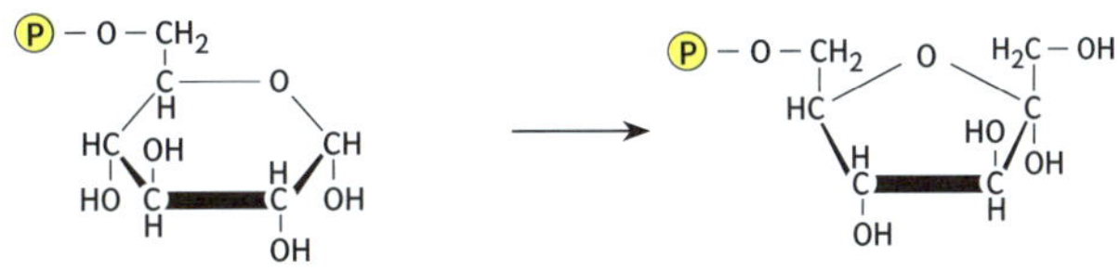 Glucose-6-phosphat Fructose-6-phosphat
1934	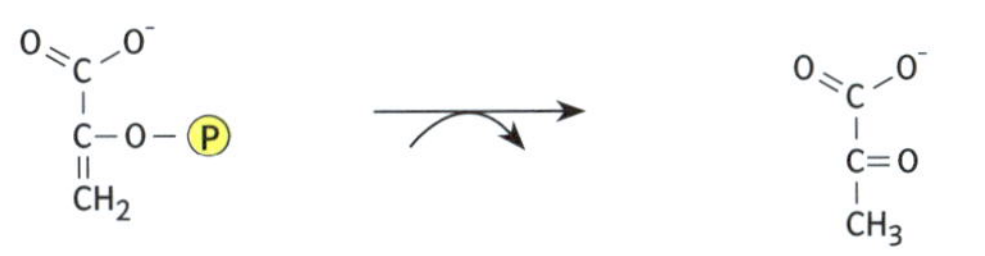 Phosphoenolpyruvat Pyruvat
1935	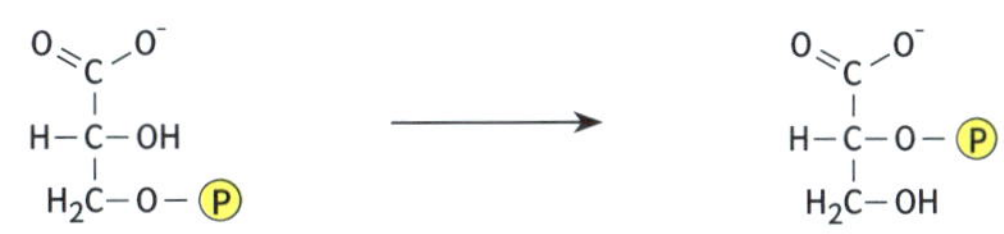 3-Phosphoglycerat 2-Phosphoglycerat
1935	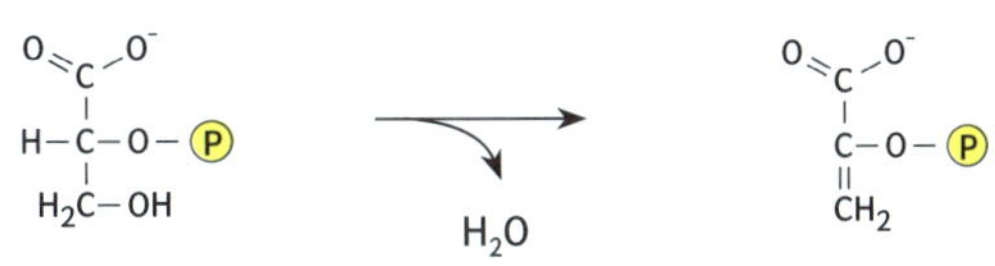 2-Phosphoglycerat Phosphoenolpyruvat
1936	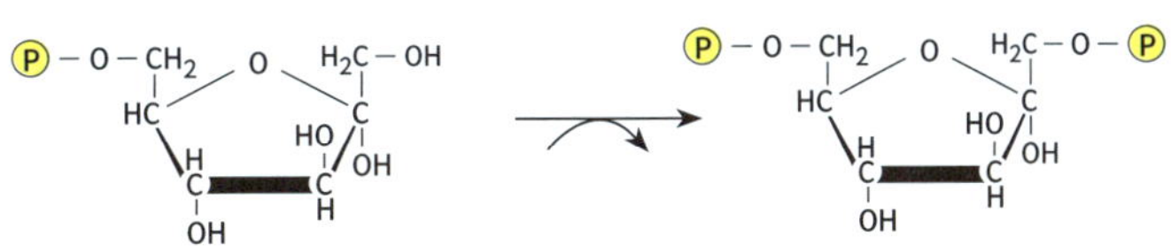 Fructose-6-phosphat Fructose-1,6-bisphosphat
1936	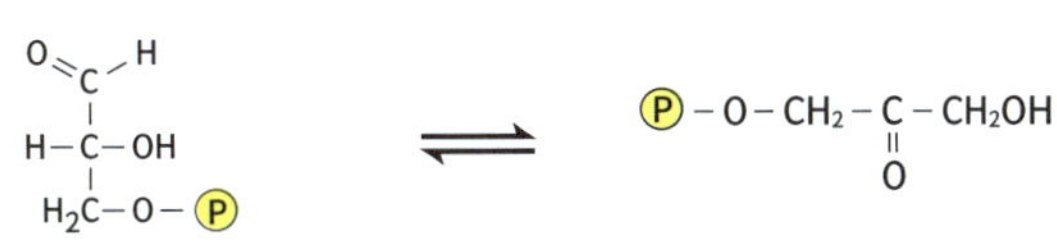 Glycerinaldehyd-3-phosphat Dihydroxyacetonphosphat

Jahr	Teilreaktion
1936	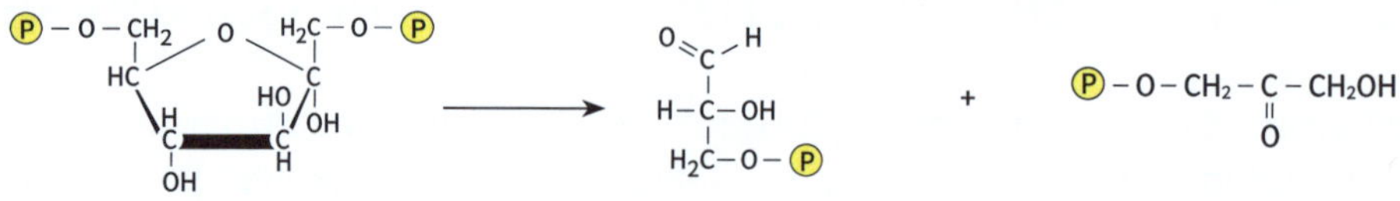 Fructose-1,6-bisphosphat → Glycerinaldehyd-3-phosphat + Dihydroxyacetonphosphat
1939	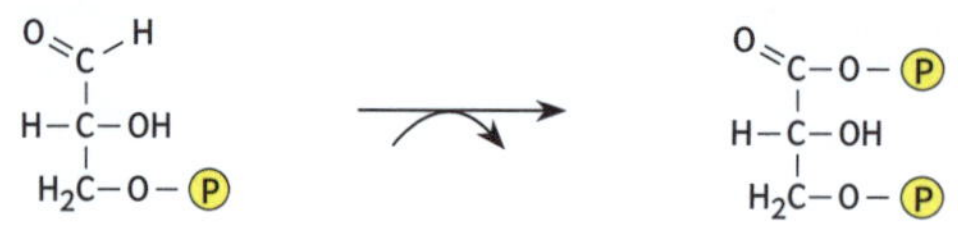 Glycerinaldehyd-3-phosphat → 1,3-Bisphosphoglycerat
1942	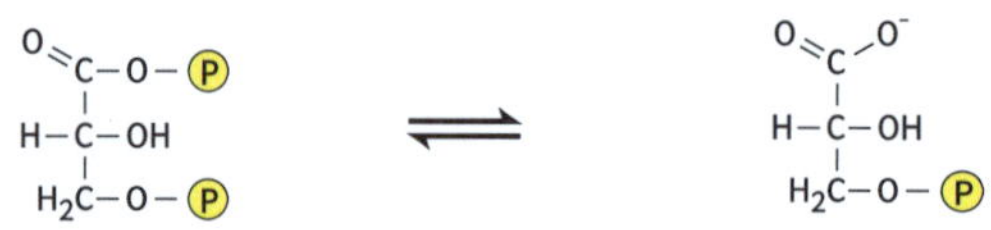 1,3-Bisphosphoglycerat ⇌ 3-Phosphoglycerat

1 Teilreaktionen der Glykolyse

Aufgaben

10/100 ○ **1** Bei der Glykolyse werden Phosphatgruppen von ATP auf verschiedene Moleküle übertragen. Dabei entsteht ADP. Umgekehrt werden auch Phosphatgruppen auf ADP übertragen, wodurch ATP entsteht. Ergänzen Sie diese Reaktionen an den passenden gebogenen Pfeilen in Bild 1.

20/100 ◒ **2** Bei der Reaktion von Glycerinaldehyd-3-phosphat zu 1,3-Bisphosphoglycerat handelt es sich um eine Redoxreaktion. Ergänzen Sie die für diese Reaktion erforderlichen Reduktionsäquivalente am gebogenen Pfeil in Bild 1.

20/100 ◒ **3** Entwickeln Sie aus den historischen Erkenntnissen in Bild 1 den Ablauf der Glykolyse.

20/100 ◒ **4** Stellen Sie die Reaktionsgleichung für die Glykolyse auf.

30/100 ● **5** Die Glykolyse wird in die Energieinvestitionsphase (Schritte 1–4 der Glykolyse) und in die Energiegewinnphase (nachfolgende Schritte) unterteilt. Erläutern Sie diese Begriffe anhand des erstellten Schemas aus Aufgabe 3.

Regulation der Aktivität der Phosphofructokinase

Der Bedarf an ATP im Körper hängt von vielen Faktoren, u.a. der körperlichen Aktivität, ab. Bei körperlicher Belastung muss vom Körper viel ATP generiert werden, in Ruhe entsprechend weniger. ATP wird primär über die Zellatmung generiert. Stoffwechselwege werden häufig über den Produktbedarf reguliert. Bei einem hohen Bedarf werden sie aktiviert, bei einem geringen Bedarf werden sie deaktiviert. Die enzymatische Regulation der Glykolyse erfolgt über drei Enzyme: Hexokinase, Phosphofructokinase (PFK) und Pyruvatkinase. Davon hat die PFK den bedeutendsten Einfluss. Die PFK katalysiert in der Glykolyse die Reaktion von Fructose-6-phosphat zu Fructose-1,6-bisphosphat [B 1].

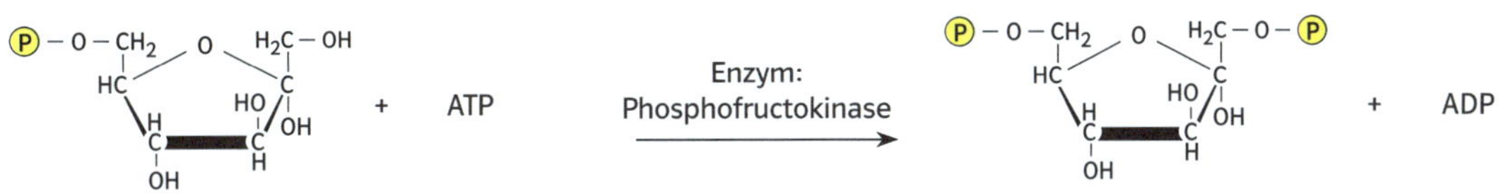

1 Reaktion, an der die PFK beteiligt ist

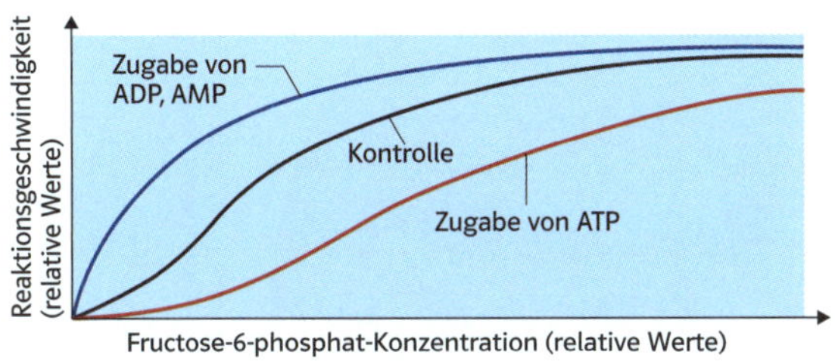

2 Aktivität der PFK in unterschiedlichen Umgebungen.

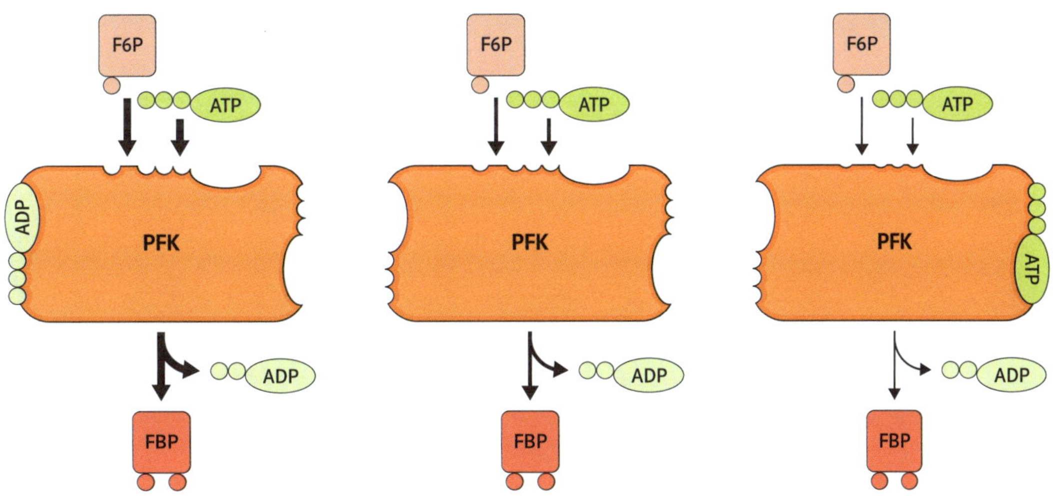

3 Modell zur Regulation der Aktivität der PFK. F6P: Fructose-6-phosphat; FBP: Fructose-1,6-bisphosphat.

Aufgaben

20/100 ○ **1** Beschreiben Sie die experimentellen Beobachtungen zur Aktivität der PFK [B 2].

35/100 ◒ **2** Erklären Sie die Beobachtungen aus Bild 2 mit dem Modell zur Aktivität der PFK [B 3].

45/100 ● **3** Erläutern Sie, dass die Regulierbarkeit der PFK Auswirkungen auf den gesamten Prozess der Zellatmung hat.

Cori-Zyklus

Glucose wird im menschlichen Körper in der Regel unter aeroben Bedingungen verstoffwechselt. Unter hoher Belastung, wie z.B. bei einem Sprint, wird die Muskulatur nicht schnell genug mit Sauerstoff versorgt. NADH + H^+ kann nicht über die Atmungskette regeneriert werden. Dadurch würden die Glykolyse und auch der Citratzyklus zum Erliegen kommen. Unter diesen Bedingungen wird Pyruvat, unter Verbrauch von NADH + H^+ zu Milchsäure (Laktat) reduziert [B 1]. Diesen Vorgang bezeichnet man als Milchsäuregärung. Da dabei wieder NAD^+ gewonnen wird, kann die Glykolyse weiter ablaufen.

Die bei der Milchsäuregärung entstehende Milchsäure kann von den Muskeln unseres Körpers nicht weiter genutzt werden. Sie wird über das Blut zur Leber transportiert. In der Leber wird sie in einem Stoffwechselweg, der als Gluconeogenese bezeichnet wird, zu Glucose regeneriert [B 1]. Die Glucose kann vom Körper weiter genutzt werden. Dieser Kreislauf von Milchsäure und Glucose zwischen Skelettmuskulatur und Leber wird Cori-Zyklus genannt.

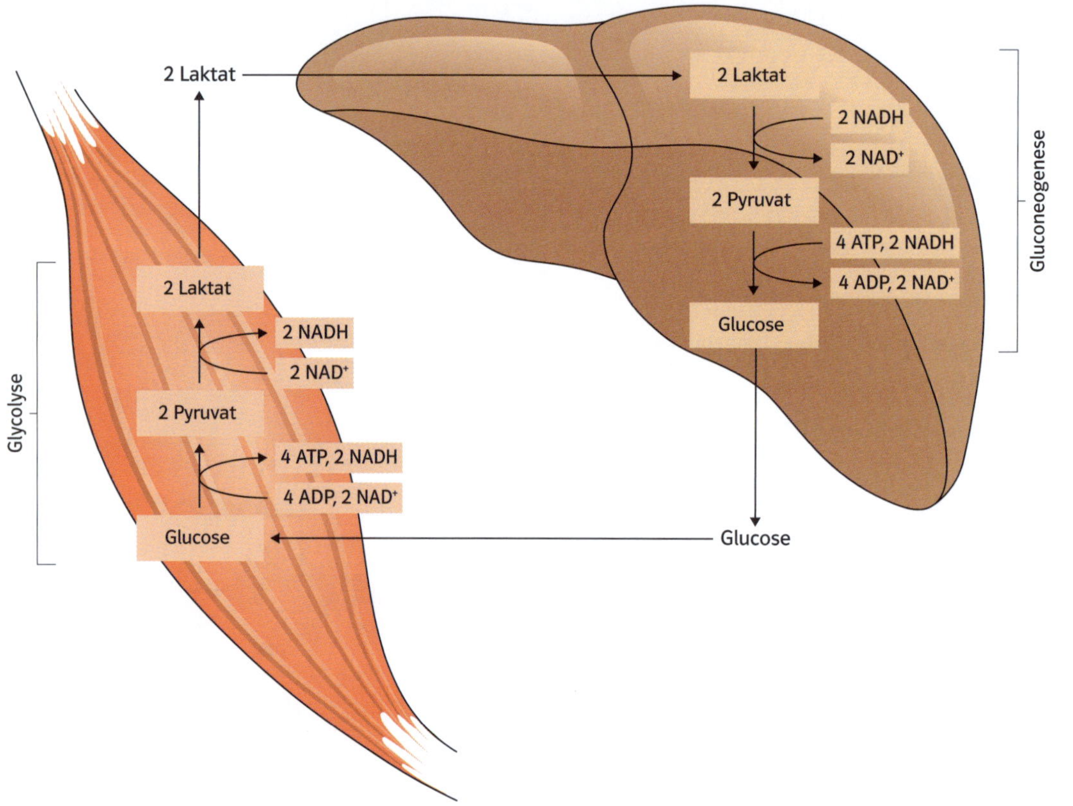

1 Schematische Darstellung des Cori-Zyklus.

Aufgaben

40/100 ◒ **1** Vergleichen Sie Glykolyse und Gluconeogenese bezüglich der an den Stoffwechselwegen beteiligten Stoffe und Reaktionen, bezüglich der Ausbeute an Reduktionsäquivalenten und bezüglich der Energieausbeute.

60/100 ● **2** Beurteilen Sie, inwiefern die Regeneration von Glucose aus Laktat für den Körper energetisch lohnenswert ist.

Harden-Young-Experimente

1905 führten die beiden britischen Wissenschaftler Arthur Harden und William Young Gärversuche an Glucose durch. Sie verwendeten dafür Zellextrakte der Hefe. Dazu wurden Hefezellen aufgebrochen. Die aufgebrochenen Zellwände wurden vom restlichen Zellinhalt durch Filtration getrennt [B 1]. Ein Teil des Filtrats wurde für 24 Stunden dialysiert. Bei der Dialyse werden über eine semipermeable Membran kleine und große Moleküle voneinander getrennt [B 1]. Mit den so hergestellten Lösungen führten Harden und Young unterschiedliche Versuche durch [B 2].

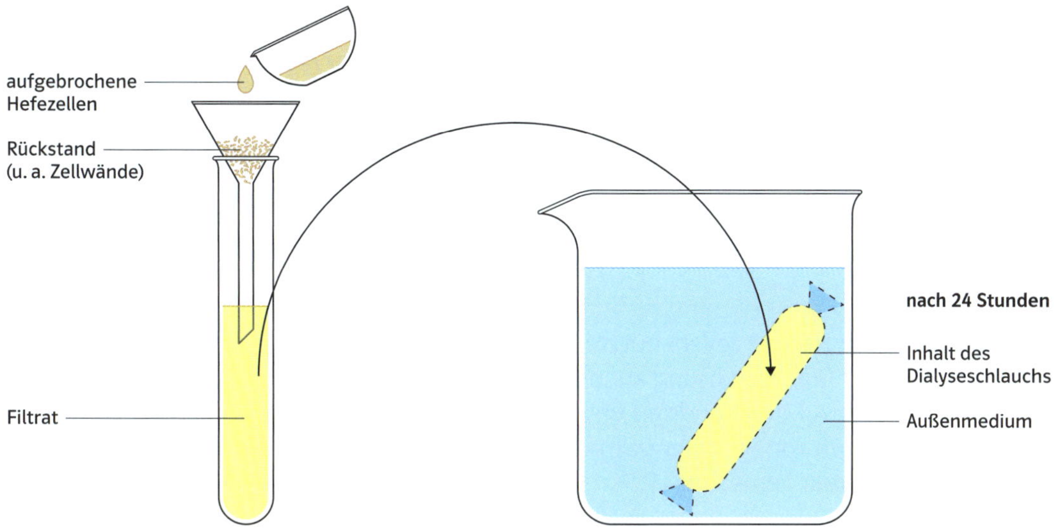

1 Herstellen der Extrakte für die Harden-Young-Experimente.

Versuch	Extrakt	Glucose	Beobachtung
1	Filtrat	+	CO_2-Produktion
2	Inhalt des Dialyseschlauchs	+	keine CO_2-Produktion
3	Außenmedium	+	keine CO_2-Produktion
4	Inhalt des Dialyseschlauchs + Außenmedium	+	CO_2-Produktion
5	erhitzter Inhalt des Dialyseschlauchs + Außenmedium	+	keine CO_2-Produktion
6	Inhalt des Dialyseschlauchs + erhitztes Außenmedium	+	CO_2-Produktion

2 Harden-Young-Experimente

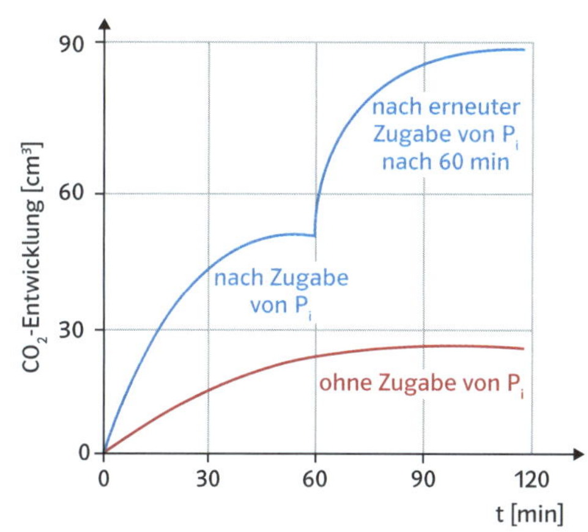

3 Auswirkungen von Phosphat auf die Vergärung von Glucose.

Aufgaben

30/100 **1** Werten Sie die in Bild 2 dargestellten Versuche und Beobachtungen umfassend aus.

30/100 **2** In weiteren Experimenten untersuchten Harden und Young die CO_2-Entwicklung nach Zugabe von Phosphat zum Filtrat [B 3]. Erklären Sie den Effekt von Phosphat auf die CO_2-Entwicklung.

40/100 **3** Stellen Sie eine Hypothese auf, wie sich die CO_2-Entwicklung verändert, wenn dem Filtrat zusätzlich eine ATPase zugesetzt wird.

Ort der Zellatmung

Im Stoffwechsel von Lebewesen laufen eine Vielzahl verschiedener Reaktionen gleichzeitig ab: die Proteinbiosynthese, die Zellatmung, der Stoffwechsel von Aminosäuren und Fetten, die Herstellung verschiedener Hormone und viele mehr. Entsprechend viele Stoffe sind auch in den Lebewesen zu finden.

Möchte man einzelne Stoffwechselwege wie die Zellatmung untersuchen, muss man unter anderem aus der Vielzahl von Verbindungen diejenigen identifizieren, die an diesem Stoffwechselweg beteiligt sind. Dazu kann man die Edukte eines Stoffwechselweges markieren. Häufig werden dazu radioaktive Isotope verwendet. Zur Untersuchung der Zellatmung eignet sich daher Glucose, die das radioaktive Kohlenstoffisotop ^{14}C enthält. Das Isotop ^{14}C wird im Stoffwechsel behandelt wie das Isotop ^{12}C. Radioaktiv markierte Glucose wird also normal verarbeitet. Alle aus der radioaktiv markierten Glucose gebildeten Stoffe enthalten folglich auch das radioaktive Isotop. Sie können so von den vielen anderen Stoffen, die nicht an der Zellatmung beteiligt sind, unterschieden werden. Die markierte Glucose wird in diesem Zusammenhang als Tracer bezeichnet (engl. to trace, verfolgen).

Auch die Arbeitsgruppe um Harry Beevers nutzte in den frühen 1950er Jahren diese Technik. Sie gaben radioaktiv markierte Glucose-Lösung zu intakten Zellen, zu isolierten Mitochondrien und zu einer Mischung aus isolierten Mitochondrien und Cytoplasma. Nach mehreren Minuten wurden die beteiligten Komponenten voneinander getrennt. Anschließend wurde die Radioaktivität in den getrennten Komponenten gemessen [B 1].

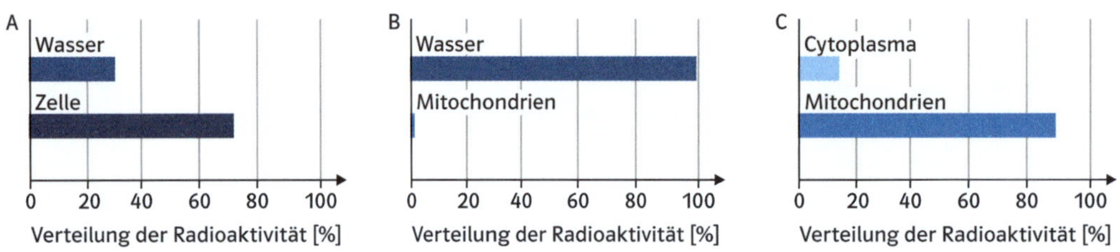

1 Befunde im Experiment der Arbeitsgruppe um Harry Beevers. Radioaktiv markierte Glucose wurde jeweils zu einer Mischung der angegebenen Komponenten gegeben.

Aufgaben

30/100 ○ **1** Beschreiben Sie die in Bild 1 dargestellten Befunde.

50/100 ◒ **2** Deuten Sie die Befunde aus Bild 1 hinsichtlich der subzellulären Lokalisation der Zellatmung sowie hinsichtlich der subzellulären Verarbeitung der Glucose bei der Zellatmung.

20/100 ● **3** Nehmen Sie Stellung zu der häufig zu findenden Aussage, dass die Zellatmung in den Mitochondrien stattfindet.

Die Erforschung der Synthesereaktion

1 Melvin Calvin

Der zweite Teilschritt der Fotosynthese, die Synthesereaktion, findet im Stroma der Chloroplasten statt. Der amerikanische Biochemiker Melvin Calvin (1911–1997) erforschte zusammen mit seinen Kollegen in den 1950er-Jahren die dort stattfindenden Reaktionen zur Glucosebildung. Der nach Calvin und seinem Kollegen Andrew Benson (1917–2015) benannte Calvin-Benson-Zyklus ist in Bild 2 dargestellt. 1961 wurde Calvin für seine Arbeiten mit dem Nobelpreis für Chemie ausgezeichnet.
Zur Aufklärung der Stoffwechselvorgänge verwendete die Forschergruppe das Verfahren der Autoradiographie [B 3]. So konnte der Weg von der Kohlenstofffixierung bis zur Bildung der Glucose nachvollzogen werden. Für die Experimente verwendete Calvin die Grünalge *Chlorella*. Den Algen wurde radioaktiv markierter Kohlenstoff ($^{14}CO_2$) als Tracer zugeführt. ^{14}C ist ein Isotop des normalen ^{12}C-Kohlenstoffs (Isotopenmarkierung). Die Algenzellen wurden nach unterschiedlichen Zeiten in heißem Alkohol abgetötet, um die Fotosynthesereaktion zu unterbrechen. Der anschließend hergestellte Chloroplastenextrakt wurde untersucht, indem die bis zum Abbruch der Reaktionen gebildeten Stoffe identifiziert wurden. Dazu wurden die in den Extrakten enthaltenen Stoffe durch Chromatographie getrennt. Mit Filmmaterial können radioaktiv markierte Substanzen sichtbar gemacht werden, da die Strahlung den unbelichteten Film schwärzt. Das erhaltene Autoradiogramm erkennt man rechts in Bild 3.

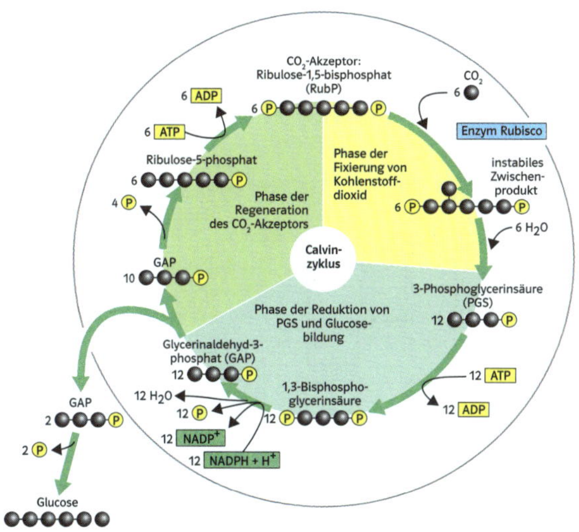

2 Calvin-Benson-Zyklus

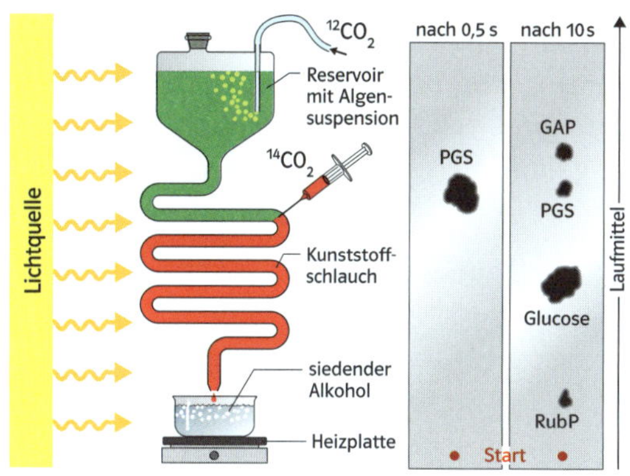

3 Versuchsaufbau von Calvin

Aufgaben

20/100 ○ **1** Beschreiben Sie das Verfahren der Autoradiographie anhand von Bild 3.

25/100 ◒ **2** Deuten Sie die Autoradiogramme in Bild 3 hinsichtlich der Erkenntnisse zur Synthese von Glucose unter Beteiligung von Kohlenstoffdioxid.

25/100 ◒ **3** Beschreiben Sie die Teilschritte des Calvin-Benson-Zyklus. Gehen Sie dabei auch auf die Funktionen von ATP und NADPH+H$^+$ in den Reaktionen ein [B 2].

30/100 ● **4** Der Umbau von Ribulose-5-phosphat im Calvin-Benson-Zyklus wird durch das Enzym Phosphoribulokinase katalysiert. Stellen Sie eine Hypothese auf, welche Folgen eine verminderte Aktivität dieses Enzyms auf die Fotosyntheseleistung haben kann.

Überblick über die Zellatmung

Unter dem Stoffwechselweg der Zellatmung versteht man den oxidativen Abbau von Glucose. Dieser findet in vier Teilprozessen in unterschiedlichen Kompartimenten der Zelle statt. Jeder dieser Teilprozesse ist in Bild 1 mit einer anderen Farbe unterlegt.

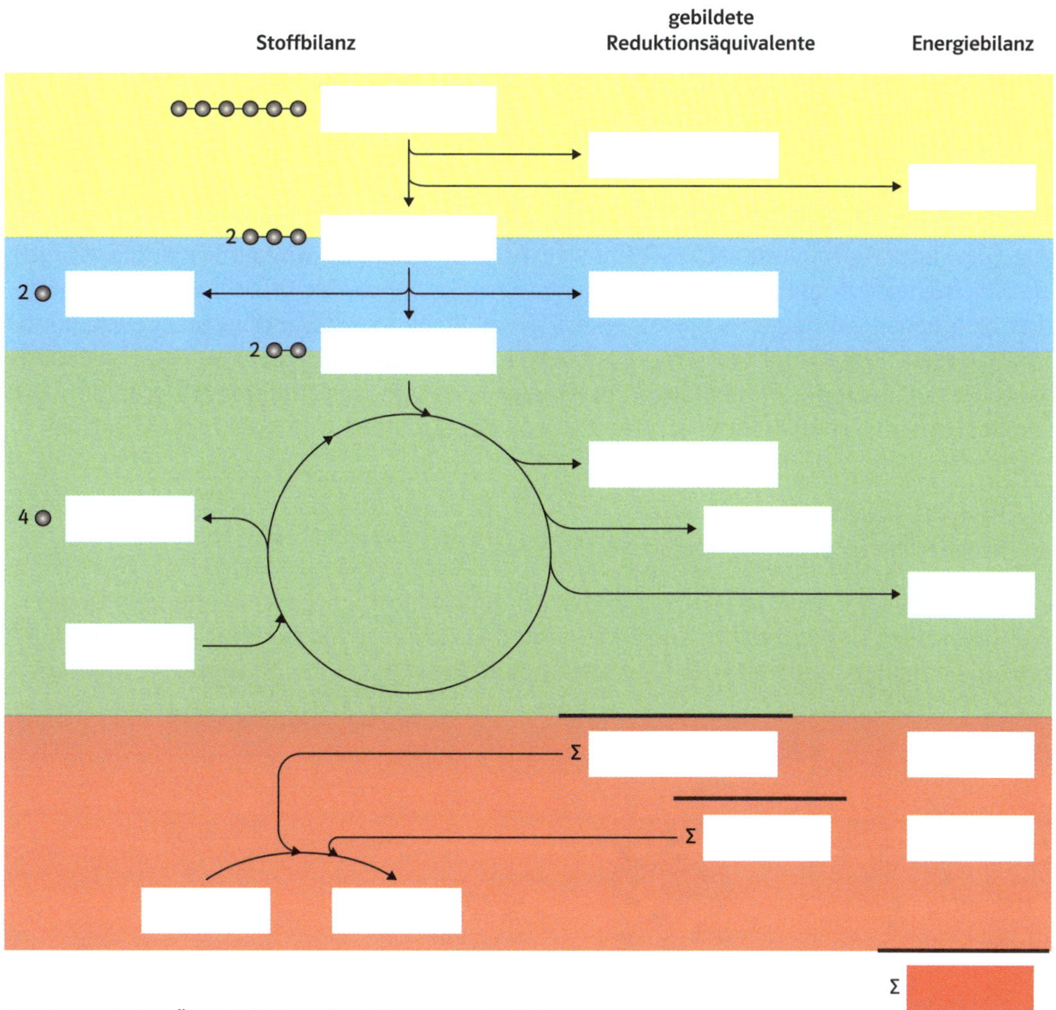

1 Schematischer Überblick über die Teilprozesse der Zellatmung.

Aufgaben

30/100 ○ **1** Vervollständigen Sie die fehlenden Angaben in Bild 1.

20/100 ○ **2** Benennen Sie die vier Teilprozesse der Zellatmung sowie die Kompartimente, in denen diese ablaufen. Ordnen Sie diese den vier Hintergrundfarben in Bild 1 zu.

50/100 ◒ **3** Stellen Sie mithilfe von Bild 1 für jeden der vier Teilprozesse der Zellatmung die Reaktionsgleichung auf.

Chromatographische Trennung von Fotosynthese-pigmenten

Manche Farben, z. B. die, die als Tinte in Filzstiften verwendet werden, sind keine reinen Stoffe, sondern Stoffgemische aus verschiedenen Farbträgern. Auch bei den fotosynthetisch aktiven Farbstoffen (Fotosynthesepigmente) handelt es sich um verschiedene Stoffe. Sie lassen sich aus pflanzlichem Gewebe herauslösen und untersuchen. In Lösung können die Gemische mithilfe der Chromatographie (aus dem griechischen wörtlich übersetzt: „Farben schreiben") aufgetrennt und analysiert werden.

Eine Chromatographie kann unter Verwendung verschiedener Trägermaterialien durchgeführt werden. Dazu gehören z. B. Kreidestücke, Filterpapier (Papierchromatographie) oder mit Kieselgel beschichtete Glas- oder Aluminiumplatten (Dünnschichtchromatographie). Mithilfe der Ergebnisse der Dünnschichtchromatographie können Fotosynthesepigmente identifiziert und z. B. mit Literaturangaben verglichen werden (z. B. Laufstrecke, Farben, Position der Banden) [B 2]. Dazu benötigt man ihren R_f-Wert. R_f steht für *retarding-front* bzw. *relate to front* und dient zur Beschreibung des Laufverhaltens aufgetrennter Substanzen bei Papier- und Dünnschichtchromatographien. Der Wert errechnet sich aus dem Verhältnis von Laufstrecke der Substanz zur Laufstrecke des Laufmittels.

$$R_f = \frac{\text{Strecke zwischen Startlinie und Pigment}}{\text{Strecke zwischen Startlinie und Lösungsmittelfront}}$$

Der Zahlenwert von R_f liegt zwischen 0 und 1 und ist für jeden Stoff bei gleichbleibenden Bedingungen charakteristisch. Er dient daher der Erkennung der Stoffe. Es handelst sich dabei um normierte Werte, die angeben, welcher Anteil der maximalen Strecke von den Stoffen zurückgelegt wurde (0 = 0 %; 1 = 100 %).

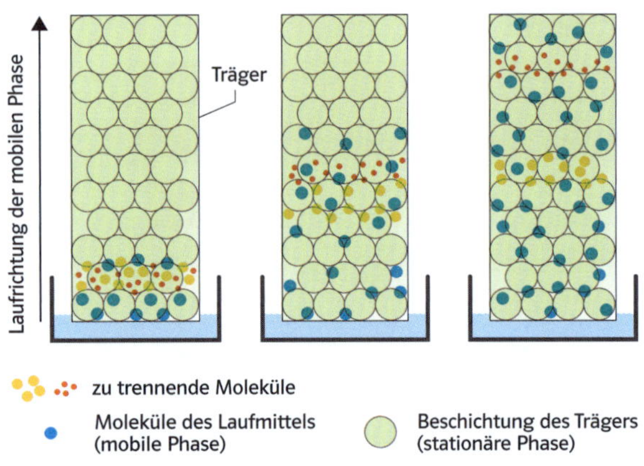

1 Prinzip einer Chromatographie

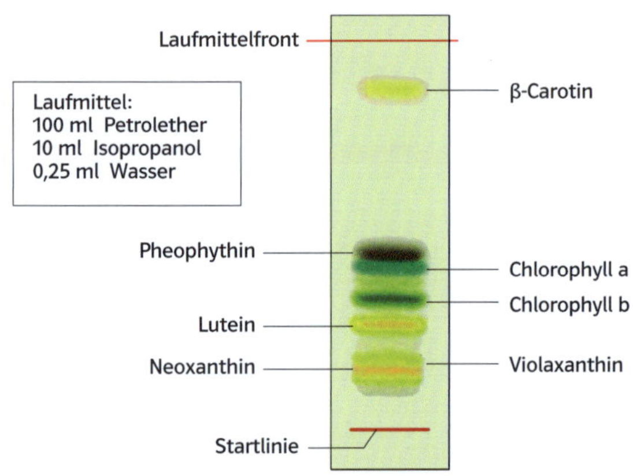

2 Dünnschichtchromatogramm Rohchlorophyll-Lösung

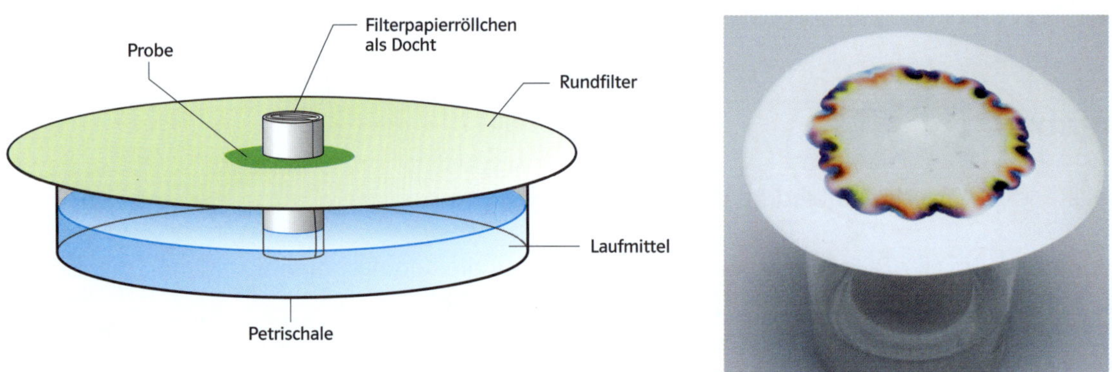

3 Papierchromatographie: Prinzip (links), Ergebnis (rechts)

Versuch: Chromatographische Trennung von Blattfarbstoffen

Zum Herauslösen von Blattfarbstoffen müssen die Zellen der Blätter aufgebrochen werden. Dazu eignen sich weiche Blätter am besten.

Materialien

Grüne Blätter (z. B. Brennnessel, Petersilie), rote Blätter (z. B. Rotbuche), wenn möglich gelbe Blätter im Herbst (z. B. Buche, Ahorn), Sand, Ethanol (Brennspiritus), Schere, Mörser mit Pistill, Erlenmeyerkolben, Trichter, Filterpapier, Petrischale, Pipette, Glasstab, evtl. Fön

Durchführung

Aus den verschiedenen Blattproben wird je ein farbstoffhaltiger Extrakt hergestellt. Dazu werden einige Blätter mit der Schere zerkleinert und dann mit etwas Sand und etwa 10 ml Ethanol im Mörser zerrieben (im Abzug oder bei geöffnetem Fenster). Die Lösung wird anschließend filtriert. Auf die Petrischale wird ein Filterpapier gelegt [B 4] und mit dem Glasstab wiederholt die Lösung in die Mitte des Filterpapiers aufgebracht. Der Fleck sollte zwischendurch leicht antrocknen (z. B. auf dem Heizkörper oder mit dem Fön). Mit der Pipette wird anschließend tropfenweise Ethanol in die Mitte des Flecks gegeben, zwischen den Tropfen sollte immer kurz gewartet werden, bis das Ethanol vom Filterpapier aufgenommen wurde.

4 Bestandteile und Schritte des Versuchs

Aufgaben

15/100 **1** Erläutern Sie anhand der Papier- und Dünnschichtchromatographie [B 2, B 3] das Prinzip der Auftrennung eines Molekülgemischs [B 1].

10/100 **2** Wenden Sie die Formel zur Berechnung der R_f-Werte an und bestimmen die Werte der Pigment-Banden (vorderste Kante) in Bild 2.

40/100 **3** Führen Sie den Versuch (Chromatographische Trennung von Blattfarbstoffen) durch. Vergleichen Sie die genutzten Filterpapiere hinsichtlich der darauf erkennbaren Blattfarbstoffe.

15/100 **4** Erklären Sie mithilfe der beiden Chromatogramme [B 2, B 3] und der Chromatogramme aus dem durchgeführten Versuch, warum die Herbstfärbung der Laubblätter nicht durch die Synthese neuer Pigmente hervorgerufen werden kann.

10/100 **5** Benennen Sie den Vorteil für Pflanzen, den diese dadurch erlangen, dass sie fotosynthetische Pigmente mit verschiedenen Farben besitzen.

10/100 **6** Nehmen Sie insofern Stellung zum Verfahren der Chromatographie, ob die verschiedenen Pigmente in diesem Verfahren eindeutig bestimmt werden können.

Untersuchungen an Chlorophyll-Lösungen

Chlorophyll befindet sich in den Membranen der Chloroplasten-Thylakoide. Mit polaren Lösungsmitteln kann man aus zerriebenen Blättern eine Rohchlorophylllösung herstellen. Bei Bestrahlung einer solchen Chlorophylllösung mit ultraviolettem Licht emittiert sie rotes Fluoreszenzlicht [B 1]. Leitet man weißes Licht durch eine Chlorophylllösung und trennt dann die Wellenlängen auf, so erhält man ein unvollständiges Spektrum [B 2]. Im Gegensatz zu den Farben im Spektrum kann Energie nicht verloren gehen. Sie kann umgewandelt werden, bleibt aber prinzipiell erhalten.

1 Chlorophylllösung im UV-Licht

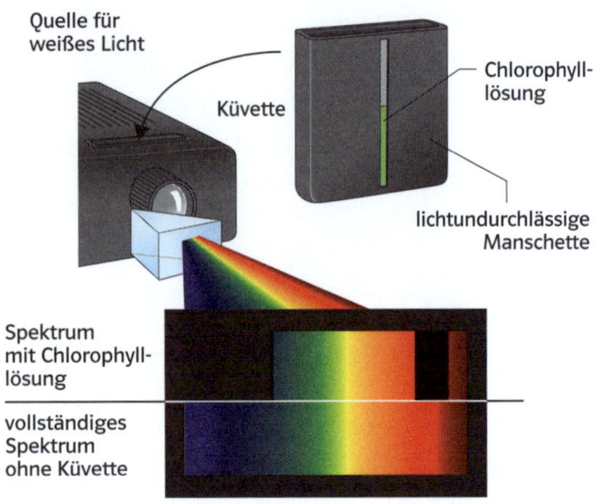

2 Absorptionsspektrum einer Chlorophylllösung

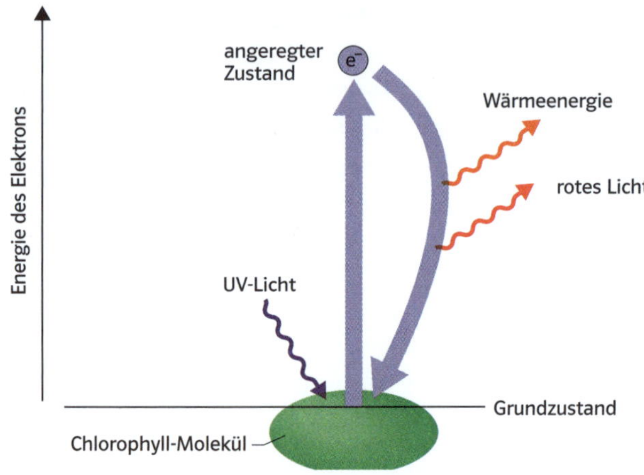

3 Durch Fluoreszenz angeregtes Chlorophyll

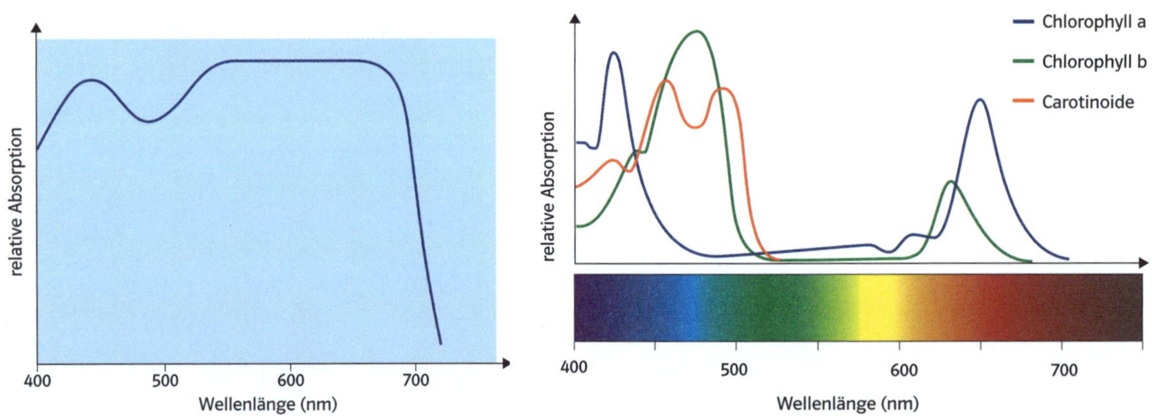

4 Absorptionsspektrum einer Algensuspension *(Navicula*, links*)* und der Chlorophylllösung einer Samenpflanze (rechts)

Aufgaben

20/100 ○ **1** Beschreiben Sie die Farben, die auf dem Bildschirm [B 2] wahrnehmbar sind.

40/100 ● **2** Anders als Chlorophyll, das sich in der Membran von Thylakoiden befindet, fehlt extrahiertem Chlorophyll der molekulare Partner (der sog. primäre Elektronenakzeptor), der durch Licht angeregte Elektronen übernehmen könnte. Energie aber bleibt prinzipiell erhalten. Erklären Sie mit Bezug [B 3].

40/100 ● **3** Vergleichen und erklären Sie die in Bild 4 gezeigten Absorptionsspektren. Beachten Sie, dass kein Pigmentmolekül bekannt ist, das das von *Navicula* experimentell ermittelte Absorptionsspektrum alleine aufweist.

Weinanbau und Klimawandel

„[...] Die Weinwelt scheint aus den Fugen, unter den Winzern herrscht Goldgräberstimmung. Plötzlich erscheint vieles möglich, manches auch bedrohlich ... In südlichen Gegenden, wo es heute schon zu heiß oder zu trocken ist, wird es zu einem Kampf um Gebiete kommen, wo jetzt noch kein Wein wächst, und heutige Weingebiete werden uninteressant werden." (Auszug aus einem Interview mit Prof. Schultz von der Forschungsanstalt Geisenheim im Südwesten von Hessen). In dem Interview heißt es weiter: „Um 1,4 Grad ist die Temperatur durchschnittlich in den Weinanbaugebieten gestiegen, sie könnte sich in den nächsten 50 Jahren noch einmal um 1,5 bis 5 Grad erhöhen. [...]"

Die Weinpflanze, auch Weinrebe genannt (*Vitis vinifera*), ist eine empfindliche Kulturpflanze. Die Pflanze bildet im Laufe des Jahres mit Ranken besetzte Kurz- und Langtriebe, die sich an Unterstützungspunkten festklammern [B 1]. Dabei handelt es sich meist um Pfähle oder Drähte. Die Weinpflanze muss schon vom dritten Lebensjahr an regelmäßig zurückgeschnitten und je nach Anbaulage in eine bestimmte Form gebracht werden, um eine gleichmäßige Belichtung der Blätter zu garantieren und um die Wärmestrahlung des Bodens optimal ausnutzen zu können. Je nach Weinanbaugebiet unterscheiden sich der Anbau der Reben, die Beerenreifung und die Art der angebauten Weinsorten [B 2].

1 *Vitis vinifera*

Wie die Blätter betreiben auch die grünen, noch unreifen Beeren Fotosynthese. In der Reifezeit der Beeren verändert sich deren Farbe von grün nach gelblich und die Produktion von Zucker in der Beere vermindert sich. Mit zunehmender Reife nimmt auch die Atmungsintensität in der Beere ab. Außerdem erfolgt in dieser Phase ein vermehrter Transport von Zucker aus den Blättern in die Beeren. Um die Abhängigkeit der Fotosyntheseleistung der Weinblätter von der Lichtintensität zu ermitteln, wurde ein Laborexperiment durchgeführt. Die in Bild 3 dargestellten Kurvenverläufe zeigen den experimentell ermittelten Einfluss der Lichtintensität auf den Kohlenstoffdioxid-Gaswechsel ausgewachsener Weinblätter in verschiedenen Temperaturbereichen.

Lage des Anbaugebiets	Anbau der Weinreben	Reifung der Beeren	angebaute Weinarten
Mitteleuropa, mäßig warm, sommerfeucht	Hang- oder Steillagen, relativ enge Pflanzung, aufwendige Unterstützungsvorrichtungen, arbeitsaufwendiger Zuschnitt der Reben	Reifung bei mäßiger Wärme im Spätsommer und Herbst bei ausreichender Feuchte und Wechsel von wärmeren und kühleren Phasen	hauptsächlich Weißweine, z. B. Müller-Thurgau und Weißer Riesling
Südeuropa, heiß, sommertrocken	Ebene oder wenig geneigte Anbauflächen, weiträumige Pflanzung, gebietsweise ohne Unterstützung und Zuschnitt	Reifung bei hohen Temperaturen im Spätsommer und Trockenheit	hauptsächlich Rotweine, z. B. Merlot und Cabernet-Sauvignon

2 Merkmale von Weinanbaugebieten

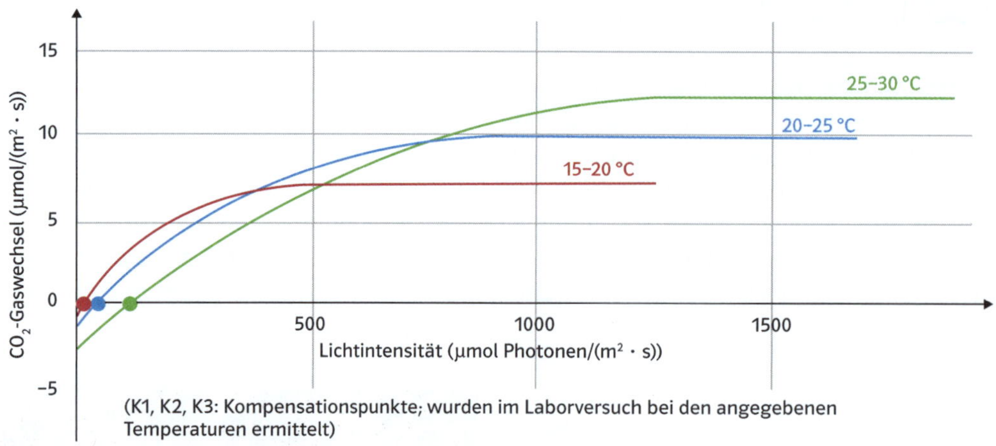

3 Einfluss der Lichtintensität auf den Gaswechsel der Weinblätter

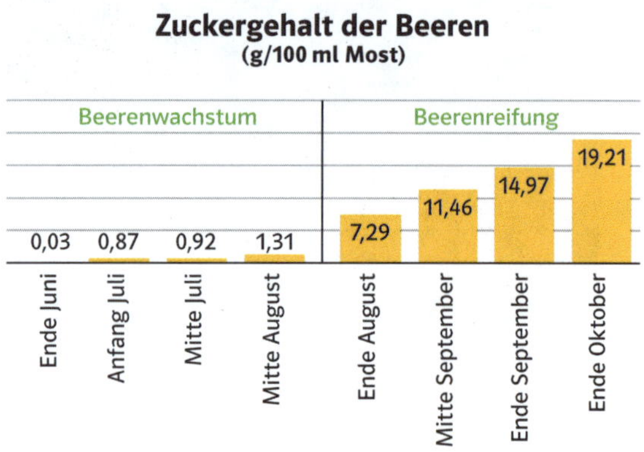

4 Zuckergehalt der Weinbeeren

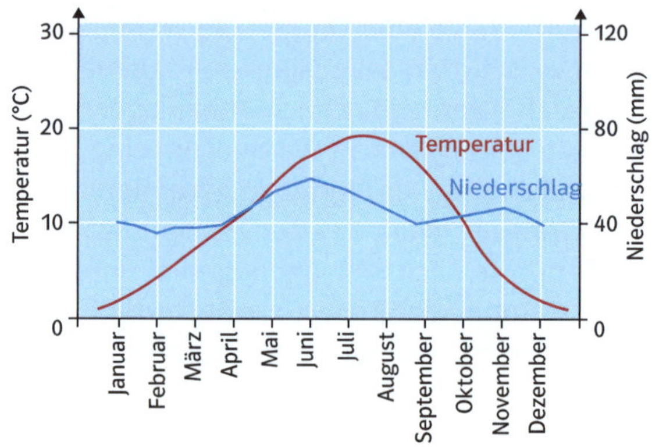

5 klimatische Bedingungen im Anbaugebiet Geisenheim (Mittelwerte)

Aufgaben

20/100 ○ **1** Geben Sie die Summengleichung der Fotosynthese grüner Pflanzen an und beschreiben Sie kurz die wesentlichen Vorgänge beider Teilreaktionen.

36/100 ◒ **2** Beschreiben und erklären Sie die drei Kurvenverläufe in Bild 3.

20/100 ◒ **3** Erklären Sie den Zusammenhang zwischen den klimatischen Bedingungen und dem Zuckergehalt der Weinbeeren in den Monaten Juni bis Oktober mithilfe von Bild 4 und 5.

24/100 ● **4** Entwickeln Sie drei Hypothesen, welche Auswirkungen der Klimawandel auf den Weinanbau haben könnte.

Wassertransport in Bäumen

Auf vielen Straßen wird im Winter Salz gestreut, um Glätte durch Eis und Schnee zu vermeiden. An einigen Stellen kann man an den Rändern solcher Straßen beobachten, dass die Bäume im Frühling wenig wachsen und bereits welke Blätter aufweisen. Dies sind typische Trockenschäden, die man sonst nach sehr trockenen Sommermonaten beobachten kann.
Die Trockenschäden in Jahren mit durchschnittlichem Niederschlag sind eine biologische Folge des Streusalzes. Ein Teil des Salzes wird durch Schmelzwasser und Regen von der Straße geschwemmt und versickert im Erdreich. Je näher ein Baum an der Straße steht, desto stärker ist er betroffen. Pflanzen nehmen Wasser und darin gelöste Stoffe über die Wurzeln auf [B 1]. Die treibende Kraft für den Wassertransport aus der Umgebung in die Wurzel ist der osmotische Druck. Der in den Zellen der Wurzel herrschende osmotische Druck kann gemessen werden. Er ist in verschiedenen Zellschichten unterschiedlich hoch [B 2]. Auch zwischen Epidermiszellen kann Wasser in die Pflanze vordringen (apoplastischer Transport), allerdings nur bis zum Caspari'schen Streifen. Er stellt eine Barriere für Wasser und darin gelöste Stoffe dar. Der weitere Wassertransport erfolgt ausschließlich durch das Innere der Zellen (symplastischer Transport). Im Xylem angekommen, wird das Wasser hoch zu den Blättern geleitet.

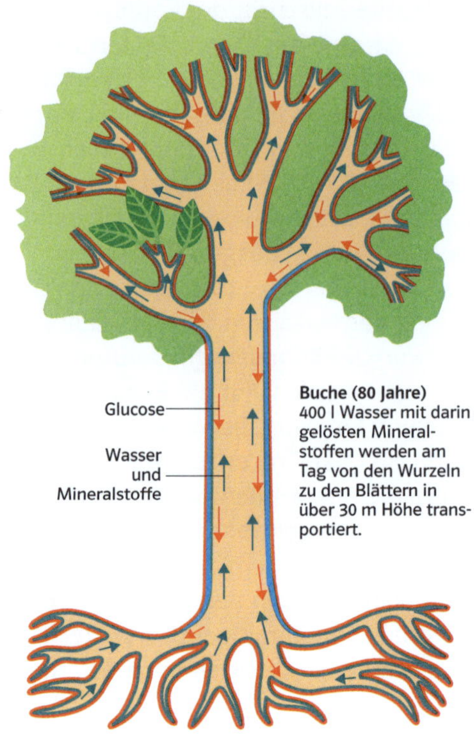

1 Weg des Wassers im Baum

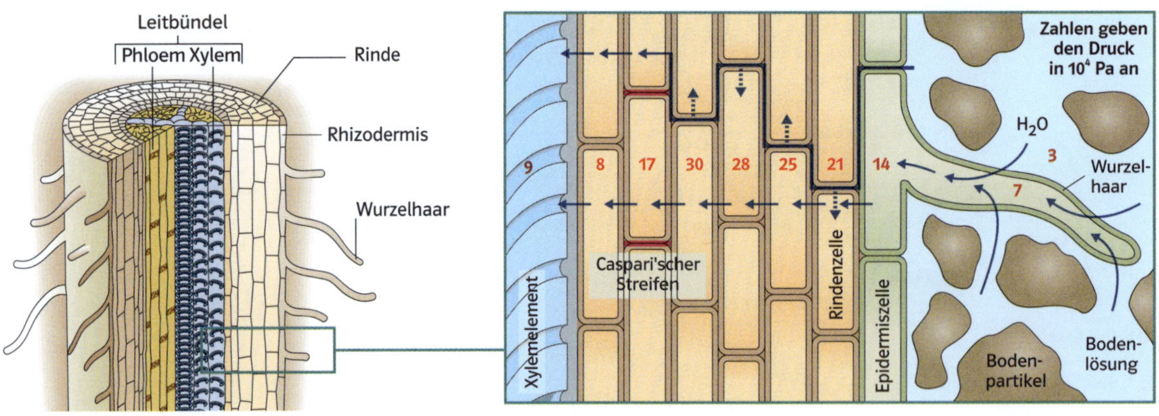

2 Schema zur Wasseraufnahme in Baumwurzeln (Zahlen: osmotischer Wert des Zellplasmas bzw. des Bodenwassers)

Aufgaben

25/100 ○ **1** Beschreiben Sie den Weg des Wassers in einem Baum im Vergleich zum Weg der Glucose [B 1].

25/100 ◒ **2** Beschriften Sie den symplastichen und apoplastischen Transport des Wasser. Erklären Sie die Wasseraufnahme bis zum Caspari'schen Streifen mithilfe von Bild 2.

25/100 ● **3** Erläutern Sie, dass der Wassertransport ab dem Caspari'schen Streifen bis in das Xylem nur unter Energienutzung als aktiver Transport erfolgen kann.

25/100 ● **4** Skizzieren Sie einen Versuch, mit dem man die Konzentration an gelösten Stoffen in den Zellflüssigkeiten der verschiedenen Zellschichten einer Wurzel ermitteln kann.

Angepasstheiten an Wasserverfügbarkeit

Die Verfügbarkeit von Wasser sowie die Temperatur- und Lichtverhältnisse an einem Standort haben einen wesentlichen Einfluss auf die dort vorkommenden Lebewesen. Dadurch weisen sie unterschiedliche Angepasstheiten auf, die unter bestimmten Bedingungen einen Selektionsvorteil für sie gegenüber weniger angepassten Formen bedeuten.

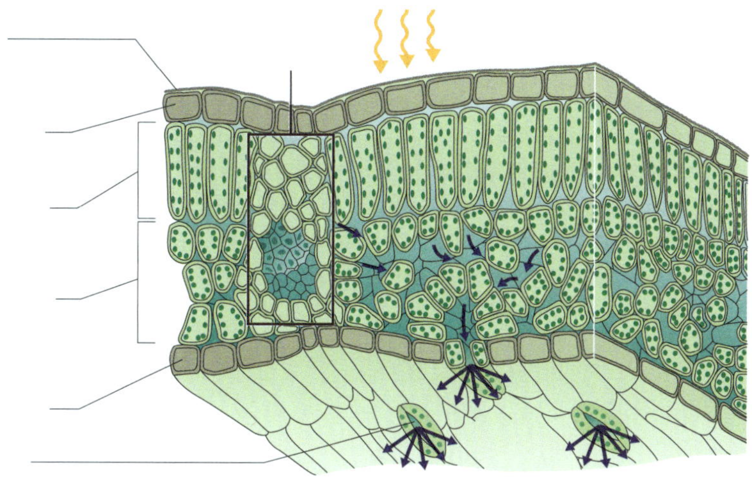

1 Blattquerschnitt Laubblatt (Buche)

Blattquerschnitt

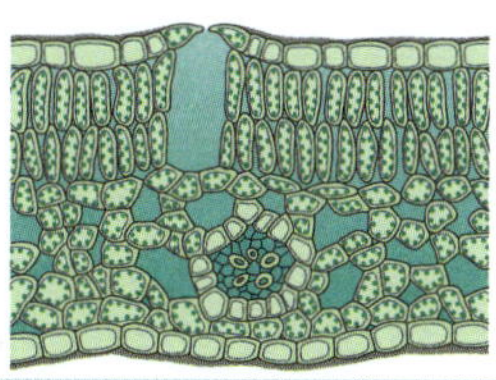

Schwimmblattpflanze (Hydrophyt), Gewässer

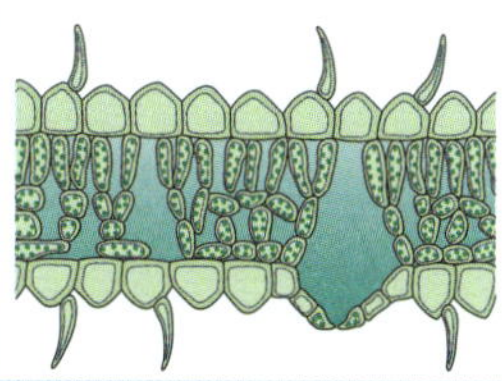

Feuchtpflanze (Hygrophyt), nasser Boden, feuchte Luft

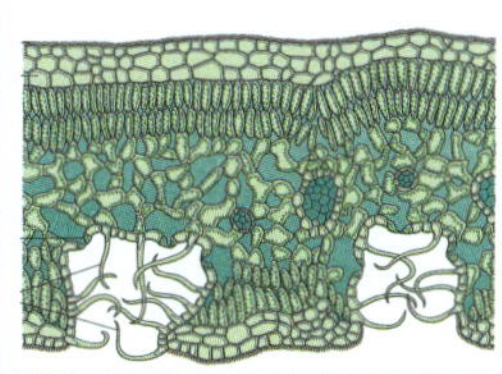

Trockenpflanze (Xerophyt), trockene Standorte

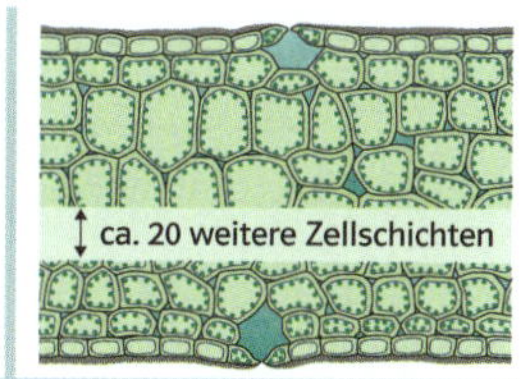

Wasserspeicherpflanze (Blattsukkulent), sehr trockene Standorte

Beispielpflanze

Weiße Seerose

Sumpfdotterblume

Oleander

Weißer Mauerpfeffer

2 Angepasstheiten an verschiedene Standorte

Aufgaben

28/100 ○ **1** Nennen Sie die Namen der angegebenen Strukturen des Laubblattes, indem Sie Bild 1 beschriften. Geben Sie anschließend die Funktionen aller Bestandteile an.

25/100 ◒ **2** Vergleichen Sie die Blattquerschnitte in Bild 2 jeweils mit dem Querschnitt des Laubblattes [B 1].

25/100 ◒ **3** Erläutern Sie die Angepasstheiten der Blattquerschnitte in Bild 2 an die jeweiligen Lebensbedingungen.

22/100 ● **4** Erklären Sie, warum es an Standorten mit hoher Luftfeuchtigkeit zu einer Beeinträchtigung der Transpiration kommen kann.

Angepasstheiten an Wassermangel

Die Atmosphäre der Erde stellt für die Pflanzen an Land eine enorme Herausforderung dar. In der Atmosphäre befindet sich das für die Fotosynthese notwendige Kohlenstoffdioxid (CO_2). Gleichzeitig hat die Atmosphäre jedoch eine relativ geringe Luftfeuchtigkeit. Die Aufnahme von CO_2 geht daher immer mit einem Wasserverlust einher, weil der Konzentrationsgradient für die CO_2-Aufnahme viel geringer ist als der Konzentrationsgradient, der zur Wasserabgabe führt. Hinzu kommt die dauerhafte Einwirkung von umweltbedingten Stressfaktoren, wie z.B. Trockenheit. Aufgrund dieser Tatsache besitzen Pflanzen Angepasstheiten, um den Wasserverlust zu kontrollieren.

Forschende haben die Angepasstheiten von verschiedenen Pflanzen in der Savanne Australiens dokumentiert. Eine Savanne ist eine Vegetationszone mit tropischem oder subtropischem Klima. Es handelt sich um eine Graslandschaft mit vereinzeltem Baumbestand. In den folgenden Diagrammen sind Angepasstheiten von laubwerfenden und immergrünen Pflanzen in der Savanne Australiens zusammengetragen und grafisch dargestellt.

	Jan	Feb	Mär	Apr	Mai	Jun	Jul	Aug	Sep	Okt	Nov	Dez
∅ Temperatur (°C)	27,6	27,4	27,5	28	27,1	25,3	25,2	26	28,2	29,2	29	28,4
Niederschlag (mm)	442	391	309	102	17	2	1	2	16	77	188	326
Luftfeuchtigkeit (%)	84%	85%	82%	67%	53%	44%	43%	45%	56%	63%	74%	81%
Regentage (Tg.)	20	18	17	8	2	0	0	1	3	8	15	19
Sonnenstd. (Std.)	8,2	8,1	8,5	9,5	9,8	9,9	9,9	10,1	10,2	10,2	9,9	9,0

1 Klimatabelle Darwin (Stadt im Norden von Australien)

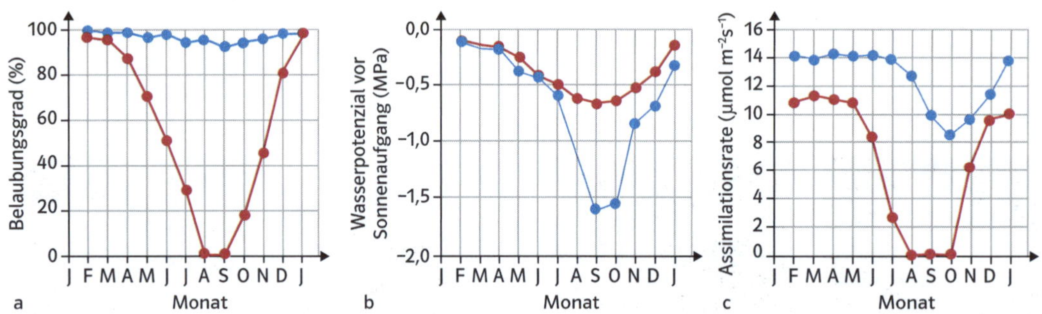

2 ermittelte Daten laubabwerfender (rot) und immergrüner (blau) Pflanzen im Jahresverlauf

Aufgaben

20/100 **1** Stellen Sie die Ihnen bekannten verschiedenen Angepasstheiten, wie Pflanzen Wasserverlust in warmen/heißen Regionen vorbeugen, in Form einer Mindmap dar.

25/100 **2** Erstellen Sie mithilfe der Daten aus der Tabelle [B 1] ein Klimadiagramm (Temperatur und Niederschlag) des Ortes Darwin im Norden Australiens (australische Savanne).

35/100 **3** Beschreiben Sie die drei Diagramme aus Bild 2 und recherchieren Sie, was man unter Wasserpotenzial versteht [B 2b].

20/100 **4** Erklären Sie die beiden in den Diagrammen [B 2] dargestellten Angepasstheiten der Pflanzen.

Kompensationspunkte der Fotosynthese

Misst man die Fotosyntheserate über die Sauerstoff-Entwicklung oder die Kohlenstoffdioxid-Fixierung einer Pflanze, so erhält man Werte für die Netto-Fotosynthese. Sie setzt sich zusammen aus der stattfindenden Fotosynthese (Brutto-Fotosynthese) und der davon abgezogenen Atmung für den parallel ablaufenden Glucoseabbau. Da im Licht Fotosynthese und Zellatmung in grünen pflanzlichen Zellen parallel zueinander ablaufen, kann der erzeugte Sauerstoff in den Mitochondrien der gleichen Zelle veratmet werden. Der Sauerstoff-Kompensationspunkt ist definiert durch diejenige Sauerstoffkonzentration, die sich in einem Blatt einstellt, wenn sich Produktion und Verbrauch von Sauerstoff die Waage halten [B 1]. In umgekehrter Richtung gilt dies für das Gas Kohlenstoffdioxid.

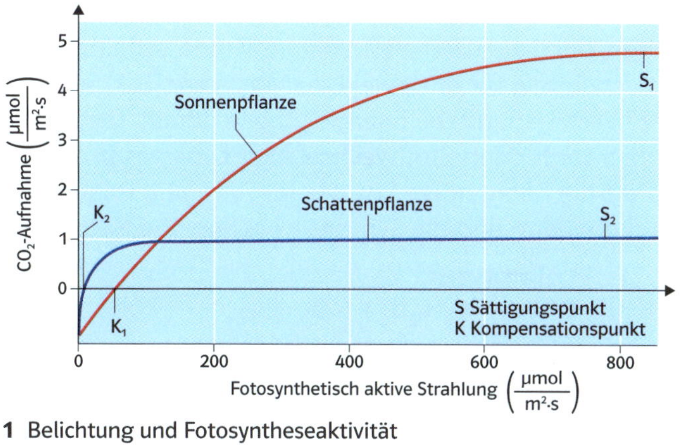

1 Belichtung und Fotosyntheseaktivität

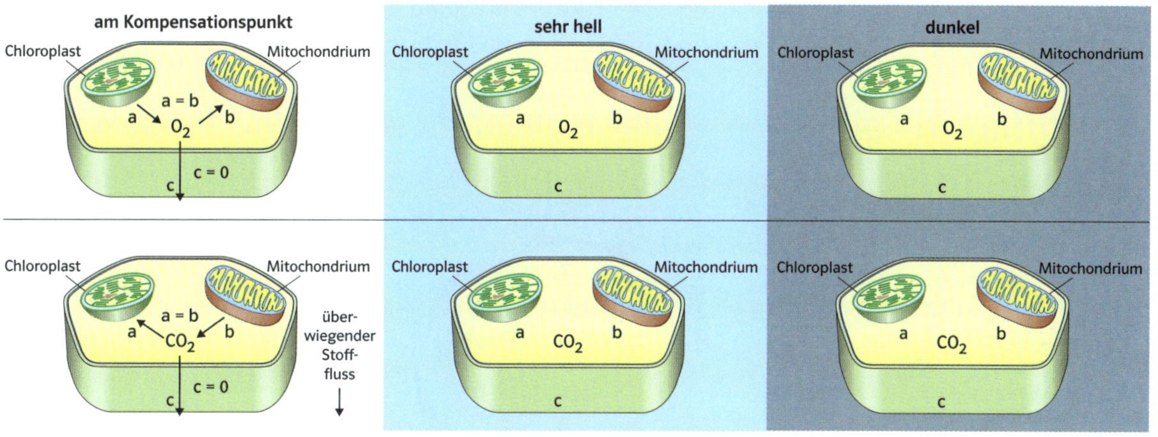

2 Belichtung und Gasaustausch

Aufgaben

10/100 ○ **1** Formulieren Sie eine Definition für den CO_2-Kompensationspunkt.

15/100 ◒ **2** Vervollständigen Sie Bild 2 bezüglich der Größen a, b und c unter Beachtung der jeweils angezeigten Lichtverhältnisse.

30/100 ◒ **3** Erklären Sie unter Verwendung von Bild 1 die ökologische Bedeutung des niedrigeren Kompensationspunktes bei Schattenpflanzen und des höheren bei Lichtpflanzen.

30/100 ◒ **4** Im Frühjahr findet man in Laubwäldern krautige Pflanzen, die vor dem Austrieb der Bäume heranwachsen und blühen. Sie werden als „Frühblüher" bezeichnet. Erläutern Sie, dass diese Arten weder zu den typischen Sonnenpflanzen noch zu den typischen Schattenpflanzen gehören.

15/100 ● **5** In einem Gedankenexperiment kann man annehmen, dass die bakterielle Fotosynthese seit ihrer Entstehung vor Milliarden Jahren sich im Jahresdurchschnitt am Kompensationspunkt befunden hätte. Beschreiben Sie die dann zu erwartenden Lebensbedingungen auf der Erde.

Die Fotosynthese im Überblick

Die Fotosynthese der Pflanzen findet in den Chloroplasten statt. Ihr Aufbau mit den zwei Membranen, die die einzelnen Reaktionsräume voneinander abgrenzen (Kompartimentierung), ist entscheidend für die jeweiligen Vorgänge [B 1]. Mithilfe der Fotosynthese wird Lichtenergie in chemisch gebundene Energie umgewandelt. Die aufgebauten Stoffe sind die energieliefernden Substrate für den Stoffwechsel aller Lebewesen. Der Abbau von Glucose in den Mitochondrien liefert die notwendige Energie für Tiere und Pflanzen. Die beiden Teilschritte der Fotosynthese sind die Foto- und die Synthesereaktion. Die Nettogleichung der Fotosynthese lautet:

$$6\,H_2O + 6\,CO_2 \xrightarrow{\text{Lichtenergie}} C_6H_{12}O_6 + 6\,O_2$$

Sie gibt die Bilanz der aufgenommenen und gebildeten Stoffe wieder, sowie die für die Reaktion aufgewendete Energie. Die Bruttogleichung der Fotosynthese berücksichtigt zusätzlich die ablaufenden Mechanismen der Reaktionen. Es wird deutlich, dass der Sauerstoff aus der Fotolyse des Wassers stammt. Das entstehende Wasser wird in der Synthesereaktion gebildet:

$$12\,H_2O + 6\,CO_2 \xrightarrow{\text{Lichtenergie}} C_6H_{12}O_6 + 6\,O_2 + 6\,H_2O$$

In einer Versuchsreihe mit Chloroplasten, isolierten Thylakoiden und Stroma aus den Chloroplasten wurden die in Bild 2 dargestellten Teilreaktionen durchgeführt.

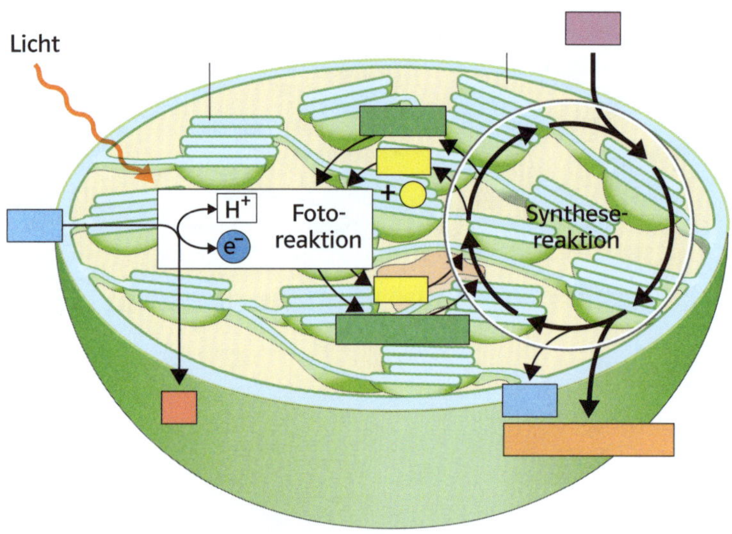

1 Überblick über die Abläufe im Chloroplasten

Aufgaben

14/100 ○ **1** Stellen Sie die Vorgänge im Chloroplasten dar, indem Sie Bild 1 beschriften.

20/100 ◒ **2** Formulieren Sie eine mögliche Fragestellung, die der Versuchsreihe in Bild 2 zugrunde gelegen haben könnte.

36/100 ◒ **3** Prüfen Sie, ob die Bedingungen für die beiden Teilreaktionen erfüllt sind, und begründen Sie die Fälle, in denen eine Teilreaktion nicht stattfindet.

30/100 ● **4** Pflanzen werden mit schwerem $C^{18}O_2$ versorgt. Begründen Sie, in welchen Fotosyntheseprodukten die schweren Sauerstoff-Atome nachweisbar sind und in welchen nicht.

Ansatz	Versuchsbedingungen	stattfindende Teilreaktion(en): Fotoreaktion (F), Synthesereaktion (S)		Begründung(en) nicht stattfindender Teilreaktion(en)
1		F		
		S		
2	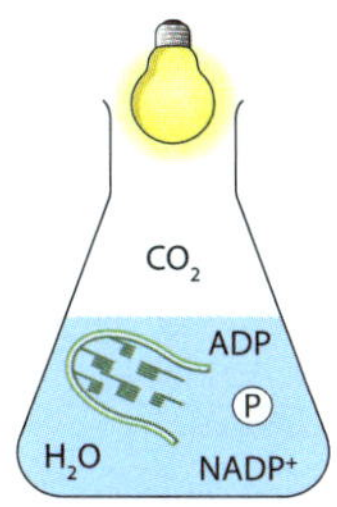	F		
		S		
3	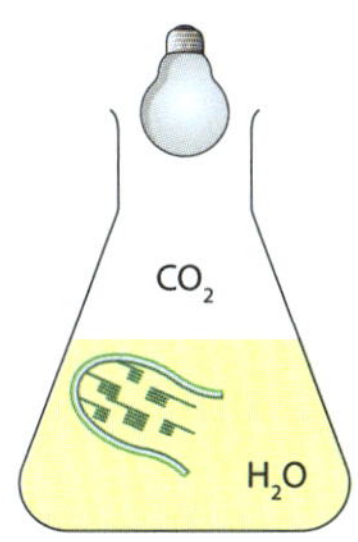	F		
		S		
4	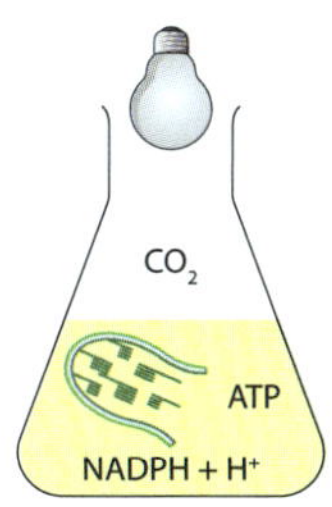	F		
		S		
5	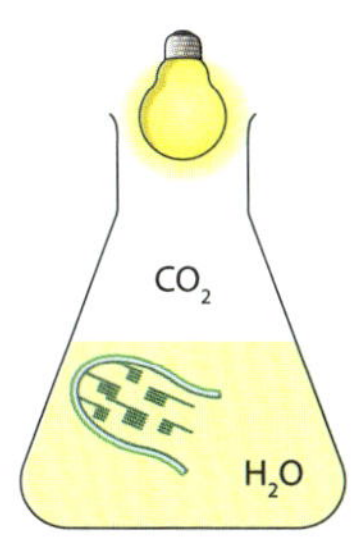	F		
		S		

2 Versuchsreihe zur Untersuchung der Fotosynthese

Zwei Fotosysteme wirken zusammen: Emerson-Effekt

Die Fotosysteme I und II nutzen in weiten Bereichen des Spektrums Licht gleicher Wellenlängen [B 2]. Allerdings zeigen die Wirkungsspektren auch, dass es Unterschiede gibt. Insbesondere die Unterschiede im hellroten (680 nm) und dunkelroten Bereich (700 nm) wirken sich auf die Fotosyntheseaktivität aus. Der Pflanzenphysiologe Robert Emerson (1903–1959) und sein Team untersuchten 1957 die Fotosyntheseleistung von Pflanzen, die er einerseits nacheinander und andererseits gleichzeitig mit hellrotem und dunkelrotem Licht bestrahlte. Die Ergebnisse dieser Versuche ließen darauf schließen, dass an der Fotoreaktion der Fotosynthese zwei Fotosysteme beteiligt sind.

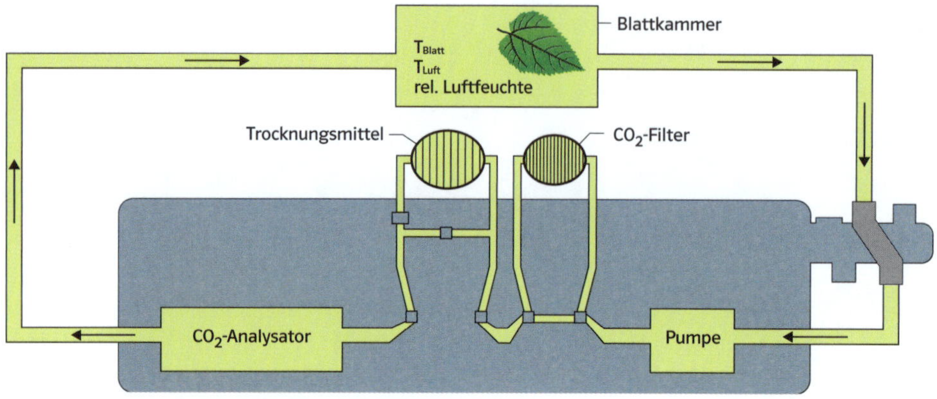

1 Apparatur zur Messung der Fotosyntheserate

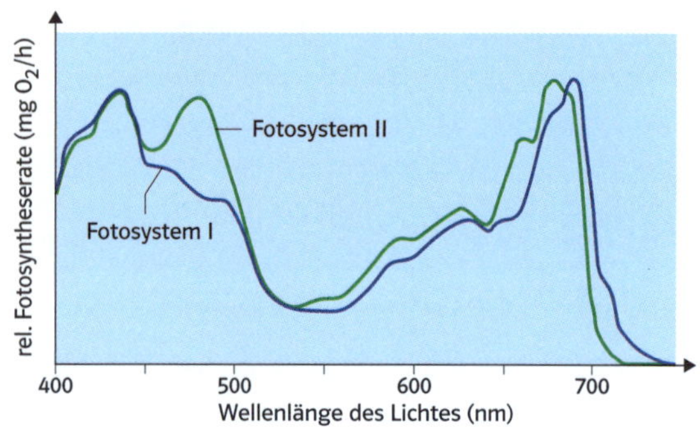

2 Wirkungsspektren der Fotosysteme

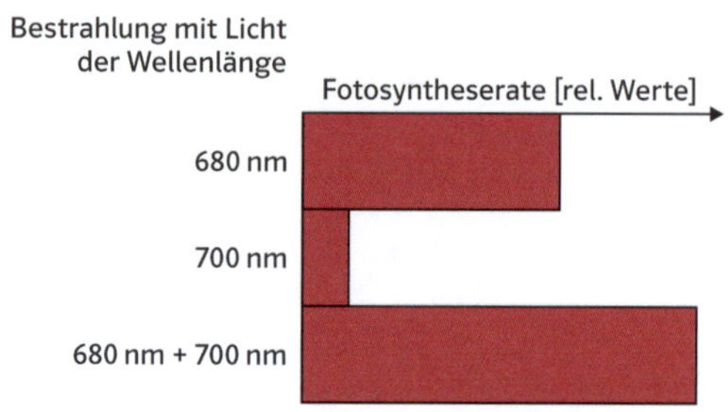

3 Befunde zu Emersons Bestrahlungsversuchen

Aufgaben

20/100 ○ **1** Beschreiben Sie die Fotosyntheseaktivitäten, die Emerson durch getrennte bzw. gleichzeitige Bestrahlung mit hellrotem und dunkelrotem Licht bewirken konnte [B 3].

40/100 ◒ **2** Emerson zog aus dem nach ihm benannten Steigerungseffekt der Fotosynthese [B 3] den Schluss, dass es bei der Fotosynthese zwei zusammenwirkende Lichtreaktionen gibt. Erklären Sie dies anhand von Bild 2.

20/100 ● **3** Fotosynthese betreibende Cyanobakterien zeigen den Emerson-Effekt. Alle anderen Bakterienarten, die Fotosynthese ohne Sauerstofffreisetzung betreiben, hingegen nicht. Interpretieren Sie diesen experimentellen Befund.

20/100 ● **4** Stellen Sie sich vor, die Fotosyntheseaktivität von Pflanzen würde nicht mithilfe des erzeugten Sauerstoffs, vielmehr mithilfe des Gases Kohlenstoffdioxid gemessen [B 1]. Beschreiben Sie die Ergebnisse analog zu den klassischen Versuchen von Emerson.

Crassulaceen-Säure-Stoffwechsel (CAM)

Zu den CAM-Pflanzen gehören beispielsweise die Ananas, Aloe vera, die Goethe Pflanze sowie verschiedene Kakteengewächse. All diese Pflanzen sind sukkulent. Bei ihnen sind Pflanzenorgane, beispielsweise die Blätter, zu Wasserspeichern umgebaut. Sie zeigen ebenfalls Gemeinsamkeiten im Fotosynthesestoffwechsel. Dieser wird als Crassulaceen-Säure-Stoffwechsel (engl. *crassulacean acid metabolism*, CAM) bezeichnet.

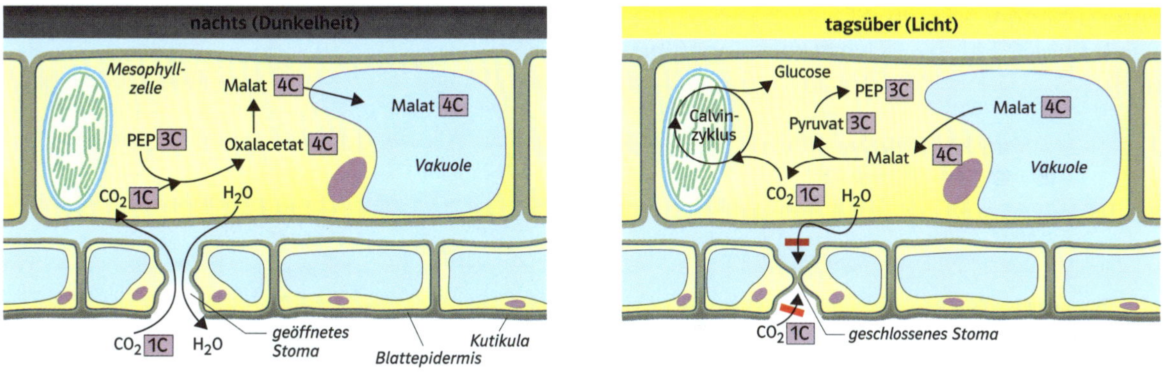

1 Schema der Fotosynthese bei CAM-Pflanzen bei Tag und Nacht.

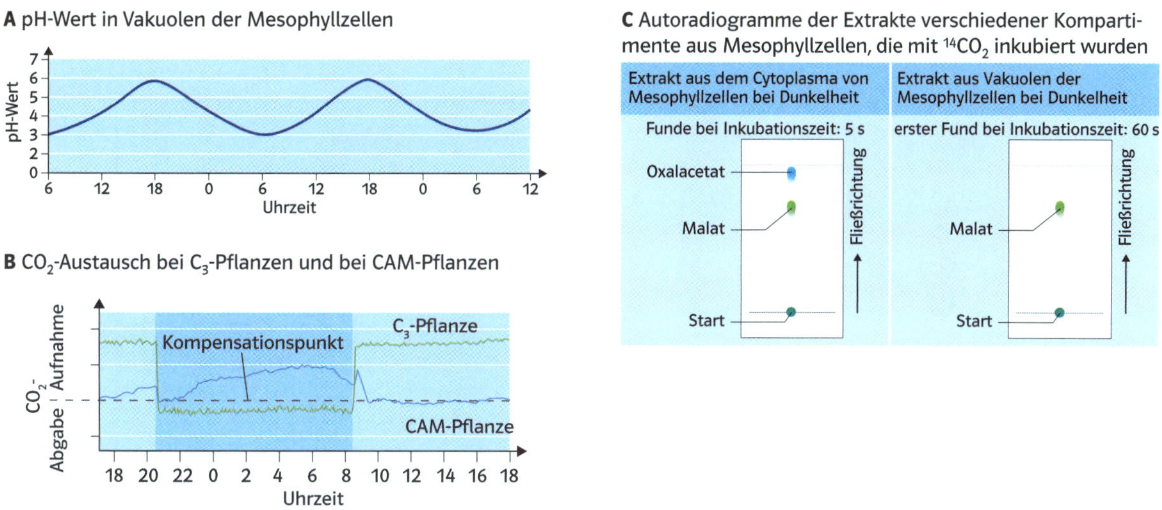

2 Experimentelle Befunde zum Stoffwechsel bei CAM-Pflanzen.

Aufgaben

28/100 ○ **1** Beschreiben Sie anhand von Bild 1 die Vorgänge bei der Fotosynthese von CAM-Pflanzen.

40/100 ◒ **2** Erklären Sie die experimentellen Beobachtungen bei CAM-Pflanzen [B 2] anhand von Bild 1. Beachten Sie dabei, dass Malat, Oxalacetat, Pyruvat und PEP-Anionen organischer Säuren sind. Sie liegen immer im Gleichgewicht mit den korrespondierenden Säuren vor.

20/100 ◒ **3** Erläutern Sie unter Berücksichtigung von Bild 1 die zu erwartenden Beobachtungen, wenn die Autoradiographie-Experimente [B 2 C] bei Tag weitergeführt werden.

12/100 ● **4** Erläutern Sie, dass CAM-Pflanzen durch ihren Stoffwechsel gut an das Überleben an trockenen und heißen Standorten angepasst sind.

Kohlenstoffdioxid-Fixierung bei C_4-Pflanzen

Die C_4-Pflanzen werden von einer Gruppe von Pflanzen gebildet, die eine Besonderheit bei der Fixierung von Kohlenstoffdioxid aufweisen. Zu dieser Gruppe gehören vornehmlich Gräser. Wie bei den C_3-Pflanzen wird bei C_4-Pflanzen Kohlenstoffdioxid mithilfe des Enzyms RubisCO an Ribulose-1,5-bisphosphat gebunden, wobei 3-Phosphoglycerat entsteht [B 1]. Davon ausgehend wird im Calvinzyklus Glucose aufgebaut. Im Gegensatz zu C_3-Pflanzen verfügen C_4-Pflanzen aber über eine spezielle Blattanatomie [B 3A], die eine Vorfixierung von Kohlenstoffdioxid durch das effizienter arbeitende Enzym PEP-Carboxylase in Form eines C_4-Körpers ermöglicht [B 3B], bevor es durch RubisCO in den Calvinzyklus eingeführt wird.

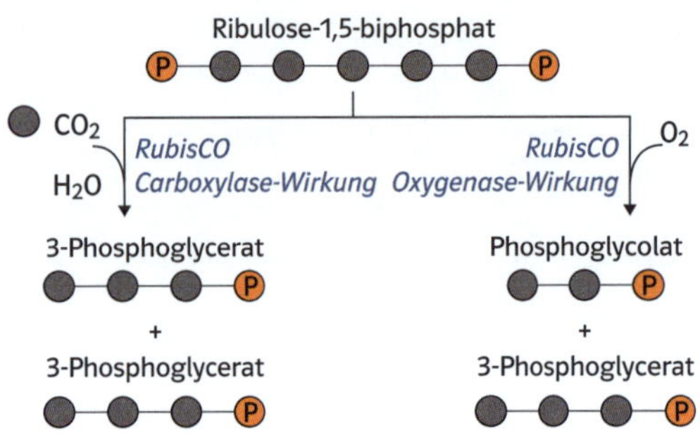

1 Reaktionen, die durch RubisCO katalysiert werden

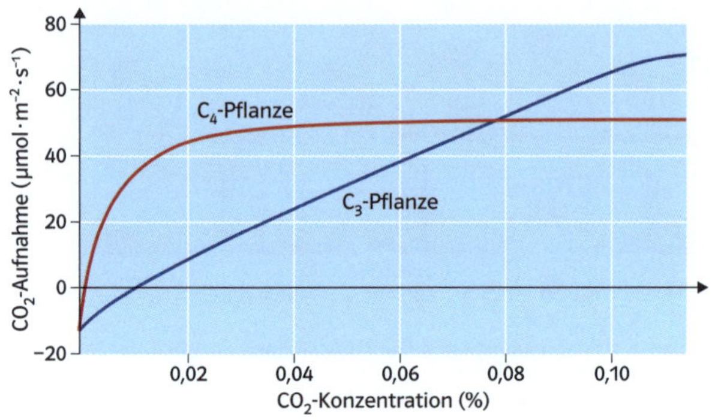

2 CO_2-Aufnahme von C_3- und C_4-Pflanzen im Vergleich

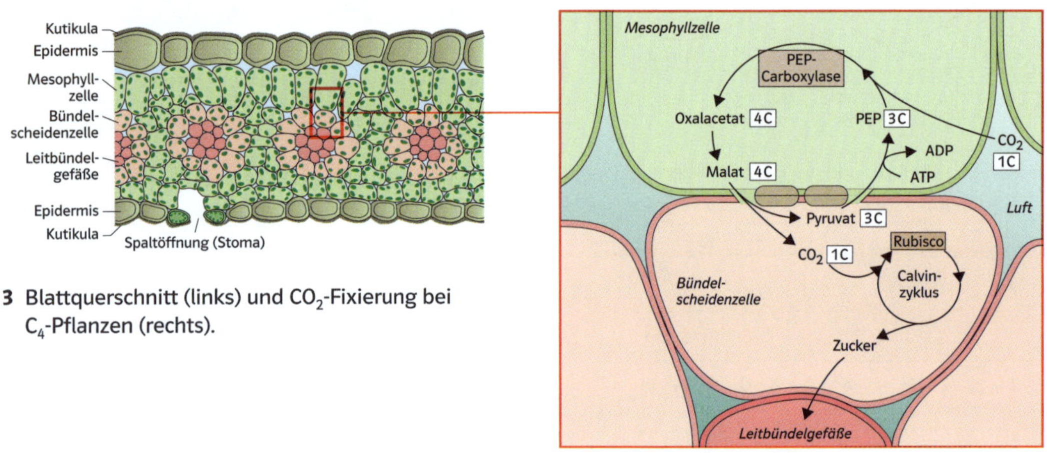

3 Blattquerschnitt (links) und CO_2-Fixierung bei C_4-Pflanzen (rechts).

Aufgaben

15/100 ◒ **1** Erläutern Sie an den von RubisCO katalysierten Reaktionen [B 1] die kompetitive Hemmung sowie die Folgen, die sich für die Glucose-Gewinnung ergeben.

20/100 ◒ **2** Vergleichen Sie den Querschnitt des Blattes einer C_4-Pflanze [B 3A] mit dem Blattquerschnitt einer C_3-Pflanze wie der Buche.

20/100 ○ **3** Beschreibe Sie anhand von Bild 3B die Fixierung von Kohlenstoffdioxid sowie die Synthese von Glucose bei C_4-Pflanzen.

45/100 ● **4** Werten Sie Bild 2 unter Berücksichtigung von Bild 1 und 3 aus.

Chemosynthese im Stickstoffkreislauf

Neben Kohlenstoff, Sauerstoff und Wasserstoff ist Stickstoff eines der wichtigsten Elemente in Lebewesen, da er Bestandteil der Nucleinsäuren (DNA und RNA) sowie der Aminosäuren und damit der Proteine ist. Er ist damit lebenswichtig für alle Lebewesen. Obwohl der Stickstoff in elementarer Form zu 78 % in unserer Atmosphäre vorhanden ist, können ihn weder Pflanzen noch Tiere in dieser Form für ihren Stoffwechsel nutzen. Nur einige wenige Bakterienarten wie Cyanobakterien und Knöllchenbakterien sind in der Lage, elementaren Stickstoff in eine für den Stoffwechsel verwertbare Form zu überführen. Bei dieser biologischen Stickstofffixierung wird der Luftstickstoff von den Stickstoff-bindenden Bakterien in Ammoniak (NH_3) umgewandelt. Das Gas Ammoniak wird entweder in die Atmosphäre freigesetzt oder reagiert (als schwache Base) im Boden in einer Protolyse-Reaktion mit Wasser zu Ammonium-Ionen (NH_4^+). Die Ammonium-Ionen können direkt von Pflanzen über die Wurzeln aufgenommen werden. Alternativ können die Ammonium-Ionen im Boden im Zuge der Nitrifikation durch Bakterien in zwei Schritten umgebaut werden. Nitritbakterien produzieren Nitrit-Ionen (NO_2^-), welches dann von Nitratbakterien zu Nitrat (NO_3^-) umgesetzt wird. Die wasserlöslichen Nitrate werden dann von Pflanzen im Zuge der Assimilation aufgenommen und verwertet. Im Zuge des Proteinstoffwechsels von Konsumenten gelangt er von den Pflanzen in die höheren Trophiestufen der Nahrungsnetze (Tiere, Destruenten). Die Reste der Tiere und Pflanzen (Kot, Urin, abgestorbene Körper) werden unter anderem von Destruenten zersetzt. Der in diesen Resten enthaltene Stickstoff wird wieder in Ammoniak bzw. Ammonium-Ionen umgewandelt und gelangt in den Boden (Ammonifikation). Herrschen im Boden anaerobe Bedingungen (Sauerstoffmangel), werden denitrifizierende Bakterien aktiv, die aus den dort befindlichen Nitrat-Ionen wieder elementaren Stickstoff herstellen, der in die Atmosphäre gelangt (Denitrifikation).
Neben der bakteriellen Tätigkeit gibt es zwei weitere Möglichkeiten, Luftstickstoff in von Pflanzen aufnehmbare Nitrat-Ionen oder Ammonium-Ionen umzuwandeln. Die bei einem Gewitter freiwerdende Energie reicht zum einen aus, um aus Luftstickstoff und Wasser Stickoxide (NO_x) zu bilden. Zum anderen wird in der Düngemittelindustrie seit Beginn des zwanzigsten Jahrhunderts auf chemischem Weg Luftstickstoff fixiert. Diese chemische Stickstofffixierung produziert in großem Maßstab Nitrat- und Ammoniumverbindungen.

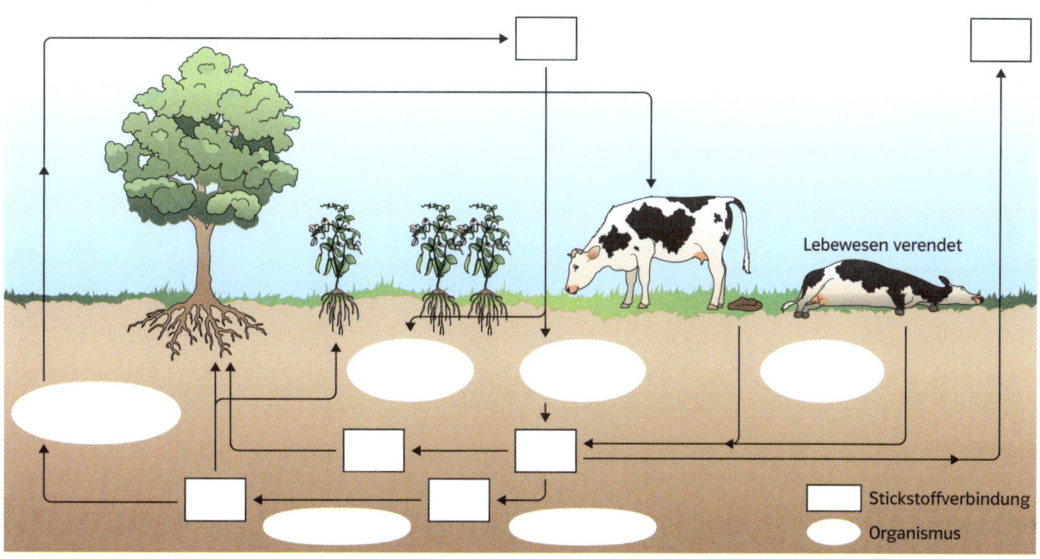

1 Stickstoffkreislauf

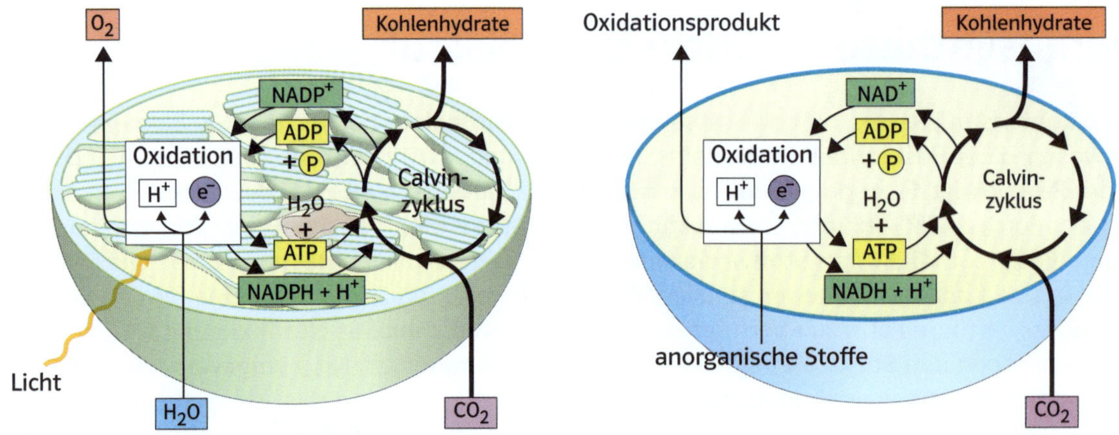

2 Fotosynthese (links) und Chemosynthese (rechts)

Die nitrifizierenden Bakterien im Stickstoffkreislauf sind Beispiele für eine Vielzahl an Bakterienarten, die weder organische Substanzen noch Licht für ihre Ernährung benötigen. Dennoch leben sie wie Pflanzen und Algen autotroph, da sie statt Fotosynthese Chemosynthese betreiben [B 2], man bezeichnet sie deshalb als chemoautotroph. Die Chemosynthese betreibenden Bakterien leben im Boden, in Gewässern und häufig unter extremen Umweltbedingungen wie heißen Quellen oder der Tiefsee. Die Energie zum Aufbau von ATP und $NADH+H^+$ erhalten sie nicht aus Licht, sondern durch die Oxidation anorganischer Stoffe, z. B. Stickstoff-, Schwefel- oder Eisenverbindungen [B 3].

Chemosynthese betreibende Organismen	umgesetztes Substrat	Oxidations-produkt	Reaktions-gleichung	Energie-gewinn
nitrifizierende Bakterien, z. B. *Nitrosomas*	Ammonium-Ionen	Nitrit-Ionen		
nitrifizierende Bakterien, z. B. *Nitrobacter*	Nitrit-Ionen	Nitrat-Ionen		
Schwefel-bakterien, z. B. *Thiothrix*	Schwefel-wasserstoff	Schwefel		
	Schwefel	Sulfat-Ionen		
Eisenbakterien, z. B. *Thiobacillus*	Eisen(II)-Ionen	Eisen(III)-Ionen		
Methanbildner, z. B. *Archaea*	Kohlenstoff-dioxid	Methan		

$2\,H_2S + O_2 \longrightarrow 2\,S + 2\,H_2O$
$\Delta G = -210$ kJ/mol

$4\,Fe^{2+} + 4\,H^+ + O_2 \longrightarrow 4\,Fe^{3+} + 2\,H_2O$
$\Delta G = -90$ kJ/mol

$2\,NO_{2^-} + O_2 \longrightarrow 2\,NO_{3^-} + 2\,H_2O$
$\Delta G = -76$ kJ/mol

$2\,S + 2\,H_2O + 3\,O_2 \longrightarrow 2\,SO_4^{2-} + 4\,H^+$
$\Delta G = -494$ kJ/mol

$CO_2 + H_2 \longrightarrow CH_4 + 2\,H_2O$
$\Delta G = -131$ kJ/mol

$2\,NH_{4^+} + 3\,O_2 \longrightarrow 2\,NO_{2^-} + 2\,H_2O + 4\,H^+$
$\Delta G = -235$ kJ/mol

3 Chemosynthese betreibende Mikroorganismen

Aufgaben

23/100 ○ **1** Fassen Sie die Abläufe im Stickstoffkreislauf zusammen, indem Sie Bild 1 vervollständigen: Stickstoffverbindungen und Organismen eintragen, Pfeile mit Vorgängen beschriften.

25/100 ◒ **2** Vergleichen Sie Fotosynthese und Chemosynthese anhand von Bild 2 tabellarisch miteinander.

24/100 ◒ **3** Ordnen Sie die Reaktionsgleichungen und Energiegewinne in Bild 3 den passenden Mikroorganismen zu.

28/100 ● **4** Begründen Sie die Tatsache, dass die Chemosynthese der nitrifizierenden Bakterien von der Fotosynthese abhängig ist.

Chemosynthese in der Tiefsee

Normalerweise liefern Bodenproben aus der Tiefsee – einer Welt völliger Dunkelheit – nur sehr wenige lebende Organsimen. Auf einer Forschungsfahrt mit einem U-Boot im Pazifik in 2600 m Tiefe überraschten im Jahr 1977 deshalb die gemachten Funde enorm: Riesige Röhrenwürmer mit bis zu einem Meter Länge, 30 cm große Muscheln, Miesmuscheln, Garnelen, Krabben, Fische und Tintenfische. Die Muscheln, Garnelen und Krabben ernähren sich von Bakterien und Detritus (abgestorbenes organisches Material), Tintenfische ernähren sich räuberisch von Krebsen, Muscheln und Fischen. Wegen der völligen Dunkelheit können die Organismen nicht auf fotosynthetisch hergestellte Nährstoffe angewiesen sein.
Das Besondere dieses Tiefseestandortes sind Lavaspalten mit heißen Tiefseequellen, die sog. „Black Smoker" [B 1]. Durch die Spalten dringt Wasser in den Meeresboden ein, wird an der Erdkruste stark erhitzt und strömt in dichten, schwarzen Wolken über 300 °C heiß wieder heraus. Neben Mineralien ist in dem Wasser vor allem Schwefelwasserstoff (H_2S) gelöst. In Wasser zerfällt die schwache Säure teilweise zu Sulfid-Ionen (S^{2-}) und Protonen (H^+). Schwefelwasserstoff ist ein starkes Zellgift, das rasch zur Atemlähmung führen kann. Das Sulfid-Ion blockiert die Zellatmung, indem es mit dem Sauerstoffmolekül um die Bindungsstelle am Eisen-Ion der Häm-Gruppe des Hämoglobinmoleküls konkurriert und so den Sauerstoff verdrängt.

1 Black Smoker in der Tiefsee

2 *Riftia pachyptila* – Kolonie

In der Nähe der hier lebenden Röhrenwürmer *Riftia pachyptila* [B 2] konnten keine Nahrungspartikel gefunden werden, zudem besitzen die Tiere keinen Mund und kein Verdauungssystem. Auffallend sind bei den Würmern die Kiemenbüschel, über die sie Sauerstoff und Kohlenstoffdioxid austauschen sowie auch Schwefelwasserstoff und Sulfid-Ionen aus dem Wasser aufnehmen [B 3]. Der größte Teil des Körpers besteht aus dem Trophosom, einem Organ, in dessen Zellen sich schwefeloxidierende Bakterien befinden. Die Bakterien leben symbiotisch im Röhrenwurm. Im Wurm werden die Gasmoleküle wie bei anderen Lebewesen auch durch Hämoglobinmoleküle transportiert. Das *Riftia*-Hämoglobin weist allerdings eine Besonderheit auf: Es verfügt über zwei verschiedene Bindungsstellen, eine für Sauerstoff (am Eisen-Atom der Häm-Gruppe) und eine für Sulfid-Ionen (zwölf fest gebundene Zink-Ionen am Molekül).
Die Energiegewinnung der schwefeloxidierenden Bakterien vollzieht sich als Chemosynthese, die auf der zweimaligen Oxidation des Schwefels beruht:

$$2\,H_2S + O_2 \rightarrow 2\,H_2O + 2\,S \qquad \Delta G = 420\,kJ/mol$$

$$2\,S + 2\,H_2O + 3\,O_2 \rightarrow 2\,SO_4^{2-} + 4\,H^+ \qquad \Delta G = 988\,kJ/mol$$

Die hierbei freigesetzte Energie (ΔG) wird vor allem für die Bildung von $NADPH+H^+$ und ATP genutzt. Nach den beiden Oxidationsschritten folgt eine zweite Stufe von Reaktionen, die identisch mit der Synthesereaktion bei Pflanzen ist.

In diesem Ökosystem sind die schwefeloxidierenden Bakterien die Primärproduzenten. Ihre Chemosynthese ist die energetische Grundlage für das lichtunabhängige Nahrungsnetz im Ökosystem Tiefsee. Krabben, Garnelen, Filtrierer (Muscheln) sind die Konsumenten 1. Ordnung und sind ihrerseits die Nahrung der Konsumenten 2. Ordnung (Fische, Tintenfische). Im Röhrenwurm werden die Symbionten (Bakterien) über das Blut mit Schwefelwasserstoff, Sulfid- Ionen, Sauerstoff und Kohlenstoffdioxid versorgt und erhalten einen geschützten Lebensraum. Die Zellatmung des Wurms versorgt die Bakterien zusätzlich zum Umgebungs-CO_2 mit Kohlenstoffdioxid. Als Stoffwechselendprodukt der Chemosynthese liefern die Bakterien dem Röhrenwurm Kohlenhydrate (z. B. Glucose). Die Symbiose ist für den Wurm lebenswichtig, da er sich aufgrund fehlender Verdauungsorgane nicht anderweitig ernähren kann.

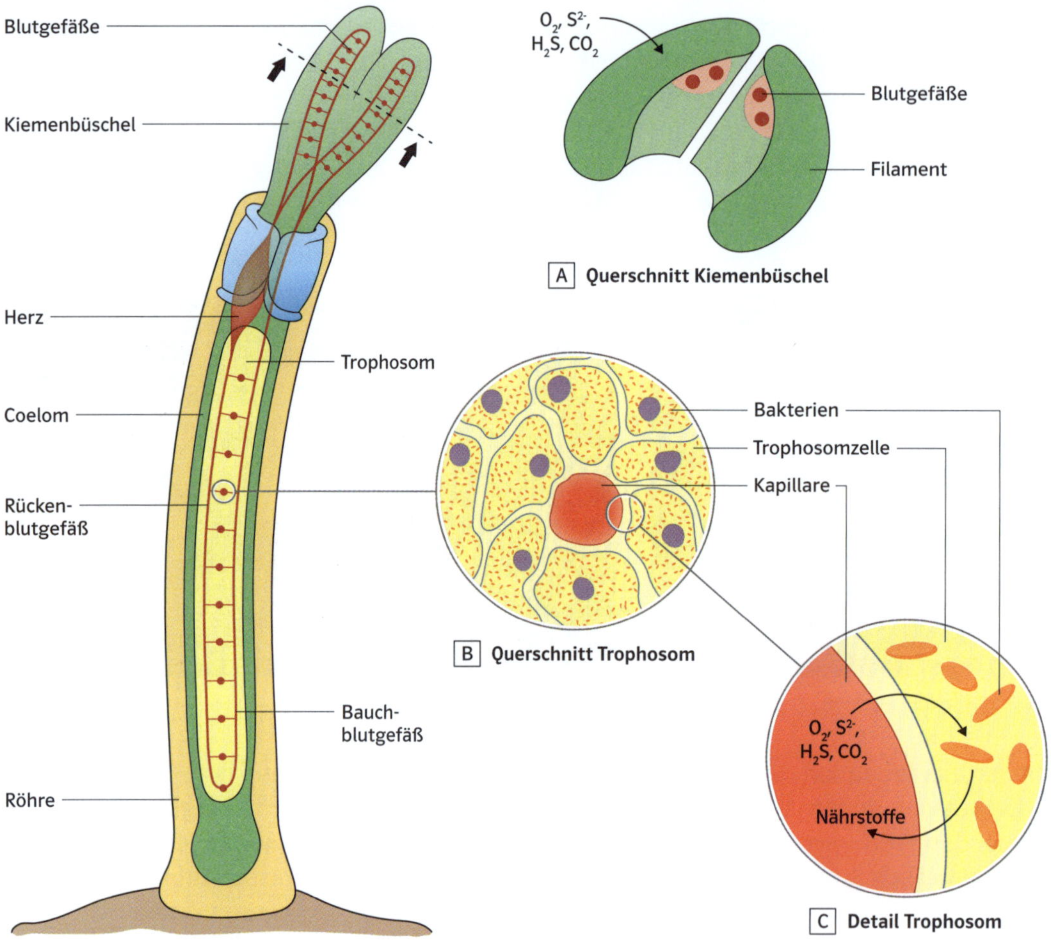

3 Aufbau des Röhrenwurms

Aufgaben

40/100 ○ **1** Geben Sie die Summengleichung der Fotosynthese bei Pflanzen an und beschreiben Sie ausführlich den Ablauf der Fotoreaktion unter Einbezug der beteiligten zellulären Strukturen, der Lichtsammelfalle und des Protonengradienten.

30/100 ◒ **2** Beschreiben Sie detailliert die Energiegewinnung und den Stofftransport im Körper des Röhrenwurms *Riftia pachyptila* (Text und Bild 3). Vergleichen Sie diese Chemosynthese mit der Fotosynthese bei Pflanzen.

30/100 ◒ **3** Erläutern Sie, warum das Zellgift Schwefelwasserstoff für den Röhrenwurm nicht schädlich ist und er gleichzeitig die Bakterien mit Schwefelwasserstoff versorgen kann.

Quellennachweis Fotos und Grafiken

U1.1 Getty Images Plus, München (E+/djgunner); **4.1** le-tex publishing services GmbH, Leipzig; **5.1a** Okapia, Frankfurt (NAS/Biophoto Associates); **5.1b** Nehren, Otto, Achern; **5.2** ShutterStock.com RF, New York (BioFoto); **6.1** Nehren, Otto, Achern; **7.1** Picture-Alliance, Frankfurt/M. (Minden Pictures/Hans Leijnse/NiS); **7.2** Mauritius Images, Mittenwald (John Anderson/Alamy); **7.3** Mauritius Images, Mittenwald (Christian Zappel); **7.4** stock.adobe.com, Dublin (Mike Workman); **7.5** Herzig, Wolfgang, Essen; **8.1** Mauritius Images, Mittenwald (Lisa Werner/Alamy); **8.3** Fotosatz_Buck, Kumhausen/Hachelstuhl; **9.1a** Daniel Gerlich, IMBA, Wien; **9.1b** Daniel Gerlich, IMBA, Wien; **9.1c** Daniel Gerlich, IMBA, Wien; **9.1d** Daniel Gerlich, IMBA, Wien; **9.1e** Daniel Gerlich, IMBA, Wien; **9.1f** Daniel Gerlich, IMBA, Wien; **10.2** Stötefeld, Laura, Karwitz; **10.3** Mauritius Images, Mittenwald (Science Source/David M. Phillips); **11.1** Okapia, Frankfurt (NAS/M.I. Walker); **11.2** Stötefeld, Laura, Karwitz; **12.1** Wirth, Jürgen, Dreieich; **12.2** Nehren, Otto, Achern; **12.3** Nehren, Otto, Achern; **12.4** Nehren, Otto, Achern; **13.1** Wirth, Jürgen, Dreieich; **13.2** Nehren, Otto, Achern; **13.3** Nehren, Otto, Achern; **14.1** Nehren, Otto, Achern; **14.2** Nehren, Otto, Achern; **14.4** Okapia, Frankfurt (Wolfgang Bettighofer); **15.2** Herzig, Wolfgang, Essen; **15.3** Herzig, Wolfgang, Essen; **16.5** Herzig, Wolfgang, Essen; **18.1** Stötefeld, Laura, Karwitz; **19.1** Herzig, Wolfgang, Essen; **20.1** Nehren, Otto, Achern; **20.2** Herzig, Wolfgang, Essen; **21.3** Herzig, Wolfgang, Essen; **22.1a** Getty Images, München (Stone/Ed Reschke); **22.1b** Getty Images, München (Stone/Ed Reschke); **22.1c** Getty Images, München (Stone/Ed Reschke); **22.1d** Getty Images, München (Stone/Ed Reschke); **23.1** le-tex publishing services GmbH, Leipzig; **23.2** le-tex publishing services GmbH, Leipzig; **23.3** le-tex publishing services GmbH, Leipzig; **24.4** Nehren, Otto, Achern; **25.1** Fotosatz_Buck, Kumhausen/Hachelstuhl; **25.2** le-tex publishing services GmbH, Leipzig; **26.5** le-tex publishing services GmbH, Leipzig; **26.6** Nehren, Otto, Achern; **27.1** Nehren, Otto, Achern; **27.2** Nehren, Otto, Achern; **28.1** Nehren, Otto, Achern; **29.1** Ingenieurbüro für Kartografie Dipl. Ing. Joachim Zwick, Gießen; **29.2** Fotosatz_Buck, Kumhausen/Hachelstuhl; **30.1** Stötefeld, Laura, Karwitz; **31.1** Herzig, Wolfgang, Essen; **32.1** stock.adobe.com, Dublin (Tootles); **32.2** Fotosatz_Buck, Kumhausen/Hachelstuhl; **33.1** Balonier, Matthias, Lützelbach; **34.2a** Okapia, Frankfurt (Michael Abbey/Science Source); **34.2b** Okapia, Frankfurt (Michael Abbey/Science Source); **34.2c** Okapia, Frankfurt (Michael Abbey/Science Source); **35.1** Stötefeld, Laura, Karwitz; **35.2** Stötefeld, Laura, Karwitz; **35.3** Stötefeld, Laura, Karwitz; **36.1** Fotosatz_Buck, Kumhausen/Hachelstuhl; **36.2** Fotosatz_Buck, Kumhausen/Hachelstuhl; **38.1** Fotosatz_Buck, Kumhausen/Hachelstuhl; **38.2** Fotosatz_Buck, Kumhausen/Hachelstuhl; **38.3** Stötefeld, Laura, Karwitz; **39.2** Nehren, Otto, Achern; **39.4** Nehren, Otto, Achern; **39.5** Nehren, Otto, Achern; **39.6** Wirth, Jürgen, Dreieich; **40.7a** Fotosatz_Buck, Kumhausen/Hachelstuhl; **40.7b** Fotosatz_Buck, Kumhausen/Hachelstuhl; **41.1a** Nehren, Otto, Achern; **41.1b** Nehren, Otto, Achern; **42.1** Dr. med Guido Hegasy, Hamburg; **42.3** le-tex publishing services GmbH, Leipzig; **43.4** Stötefeld, Laura, Karwitz; **44.1** Stötefeld, Laura, Karwitz; **44.2** Stötefeld, Laura, Karwitz; **44.3** Stötefeld, Laura, Karwitz; **45.1** Stötefeld, Laura, Karwitz; **46.2** Stötefeld, Laura, Karwitz; **47.1** Nehren, Otto, Achern; **48.1** Leuchtenberg, Stefan, Augsburg; **48.2** Fotosatz_Buck, Kumhausen/Hachelstuhl; **48.3** Fotosatz_Buck, Kumhausen/Hachelstuhl; **48.4** Leuchtenberg, Stefan, Augsburg; **49.1** Stötefeld, Laura, Karwitz; **50.3** Fotosatz_Buck, Kumhausen/Hachelstuhl; **51.1a** Nehren, Otto, Achern; **51.1b** Nehren, Otto, Achern; **51.1c** Nehren, Otto, Achern; **51.2** Nehren, Otto, Achern; **51.3** Nehren, Otto, Achern; **52.1** le-tex publishing services GmbH, Leipzig; **52.2** Nehren, Otto, Achern; **52.3** Nehren, Otto, Achern; **53.4** Nehren, Otto, Achern; **53.5** Nehren, Otto, Achern; **54.1** Fotosatz_Buck, Kumhausen/Hachelstuhl; **54.2** Fotosatz_Buck, Kumhausen/Hachelstuhl; **55.1** Stötefeld, Laura, Karwitz; **57.2** Wirth, Jürgen, Dreieich; **57.3** Stötefeld, Laura, Karwitz; **58.4** Stötefeld, Laura, Karwitz; **58.5** Fotosatz_Buck, Kumhausen/Hachelstuhl; **58.6** Stötefeld, Laura, Karwitz; **59.2** Mair, Jörg, München; **59.3** Mair, Jörg, München; **59.4** Mair, Jörg, München; **60.1** le-tex publishing services GmbH, Leipzig; **61.2a** Stötefeld, Laura, Karwitz; **61.2b** Stötefeld, Laura, Karwitz; **61.2c** Stötefeld, Laura, Karwitz; **62.2d** Stötefeld, Laura, Karwitz; **62.2e** Stötefeld, Laura, Karwitz; **62.2f** Stötefeld, Laura, Karwitz; **63.1** Stötefeld, Laura, Karwitz; **64.1** le-tex publishing services GmbH, Leipzig; **65.1** Nehren, Otto, Achern; **66.1** Schobel, Ingrid, Hannover; **67.2** Nehren, Otto, Achern; **67.3** Stötefeld, Laura, Karwitz; **68.1** Stötefeld, Laura, Karwitz; **69.1** Stötefeld, Laura, Karwitz; **69.3** Fotosatz_Buck, Kumhausen/Hachelstuhl; **70.1** Fotosatz_Buck, Kumhausen/Hachelstuhl; **71.1** Stötefeld, Laura, Karwitz; **72.1** Nehren, Otto, Achern; **72.2** Nehren, Otto, Achern; **72.3a** Nehren, Otto, Achern; **72.3b** Mauritius Images, Mittenwald (Science Source/GIPhotoStock); **73.3a** Marzell, Alfred, Schwäbisch Gmünd; **73.3b** Marzell, Alfred, Schwäbisch Gmünd; **73.4** Stötefeld, Laura, Karwitz; **74.1** https://creativecommons.org/licenses/by-sa/4.0/deed.de, Mountain View (By Marie Franzen - Own work, CC BY-SA 3.0, https://commons.wikimedia.org/w/index.php?curid=31042238); CC-BY-SA-4.0 Lizenzbestimmungen: https://creativecommons.org/licenses/by-sa/4.0/legalcode, siehe *3; **74.2** Nehren, Otto, Achern; **74.3** Nehren, Otto, Achern; **74.4a** Nehren, Otto, Achern; **74.4b** Wirth, Jürgen, Dreieich; **75.1** Mauritius Images, Mittenwald (Jürgen & Christine Sohns/imageBROKER); **76.3** Fotosatz_Buck, Kumhausen/Hachelstuhl; **76.4** Fotosatz_Buck, Kumhausen/Hachelstuhl; **76.5** Fotosatz_Buck, Kumhausen/Hachelstuhl; **77.1** Mauritius Images, Mittenwald (Science Source/LBNL); **77.2** Nehren, Otto, Achern; **77.3** Nehren, Otto, Achern; **78.1** Nehren, Otto, Achern; **78.2a** Wirth, Nora, Frankfurt/Main; **78.2b** Nehren, Otto, Achern; **79.1** Nehren, Otto, Achern; **79.2a** Schobel, Ingrid, Hannover; **79.2b** Schobel, Ingrid, Hannover; **79.2c** Schobel, Ingrid, Hannover; **79.2d** Schobel, Ingrid, Hannover; **79.2e** iStockphoto, Calgary, Alberta (Aimin Tang); **79.2f** Thinkstock, München (iStock/Argument); **79.2g** Picture-Alliance, Frankfurt/M. (blickwinkel/W. Layer); **79.2h** Picture-Alliance, Frankfurt/M. (blickwinkel/fotototo); **80.2** Fotosatz_Buck, Kumhausen/Hachelstuhl; **81.1** Nehren, Otto, Achern; **81.2** Nehren, Otto, Achern; **82.1** Nehren, Otto, Achern; **83.2a** Stötefeld, Laura, Karwitz; **83.2b** Stötefeld, Laura, Karwitz; **83.2c** Stötefeld, Laura, Karwitz; **83.2d** Stötefeld, Laura, Karwitz; **83.2e** Stötefeld, Laura, Karwitz; **84.1** Nehren, Otto, Achern; **84.2** Nehren, Otto, Achern; **84.3** Fotosatz_Buck, Kumhausen/Hachelstuhl; **85.1** Nehren, Otto, Achern; **85.2a** Nehren, Otto, Achern; **85.2b** Fotosatz_Buck, Kumhausen/Hachelstuhl; **85.2c** Nehren, Otto, Achern; **86.1** le-tex publishing services GmbH, Leipzig; **86.2** Nehren, Otto, Achern; **86.3** Nehren, Otto, Achern; **87.1** Stötefeld, Laura, Karwitz; **88.2** Nehren, Otto, Achern; **89.1** Mauritius Images, Mittenwald (World Book Inc.); **89.2** Mauritius Images, Mittenwald (alamy/Science History Images); **90.3** Stötefeld, Laura, Karwitz;

*3 Lizenzbestimmungen zu CC-BY-SA-4.0 siehe: http://creativecommons.org/licenses/by-sa/4.0/legalcode

1. Auflage 1 5 4 3 2 1 | 27 26 25 24 23

Alle Drucke dieser Auflage sind unverändert und können im Unterricht nebeneinander verwendet werden.
Die letzte Zahl bezeichnet das Jahr des Druckes.

Autorinnen und Autoren: Lale Arslan, Christina Gimbel, Franziska Langer, Dr. Jens Schindler

Entstanden in Zusammenarbeit mit dem Projektteam des Verlages.

Gestaltung: KOMA AMOK®, Kunstbüro für Gestaltung, Stuttgart
Umschlaggestaltung: KOMA AMOK®, Kunstbüro für Gestaltung, Stuttgart
Satz: Fotosatz Buck, Kumhausen
Druck: Plump Druck & Medien GmbH, Rheinbreitbach

Printed in Germany
ISBN 978-3-12-049010-4

9 783120 490104